Αφύσικο

Πώς Να Εκπαιδεύσετε το Μυαλό Σας να Σκέφτεται Διαφορετικά και να Ξεπεράσετε τις Κακές Σκέψεις Μόνιμα

Dan Desmarques

22 Lions

Αφύσικο: Πώς Να Εκπαιδεύσετε το Μυαλό Σας να Σκέφτεται Διαφορετικά και να Ξεπεράσετε τις Κακές Σκέψεις Μόνιμα

Γράφτηκε από τον Dan Desmarques

Ευρετήριο

Εισαγωγή

Σε έναν κόσμο όπου η επιθετικότητα και η εξουσία συχνά επισκιάζουν την αγάπη και τη συμπόνια, το βιβλίο «Αφύσικο: Πώς Να Εκπαιδεύσετε το Μυαλό Σας να Σκέφτεται Διαφορετικά και να Ξεπεράσετε τις Κακές Σκέψεις Μόνιμα» προσφέρει ένα μεταμορφωτικό ταξίδι στην κατανόηση της πολυπλοκότητας της ανθρώπινης συμπεριφοράς και της κοινωνικής δυναμικής. Διερευνά τις ρίζες της ψυχοπάθειας, τις πιέσεις της κοινωνίας και τις δυαδικότητες που διαμορφώνουν τις αντιλήψεις και τις αλληλεπιδράσεις μας. Προκαλεί τους αναγνώστες να απελευθερωθούν από τη συμβατική σκέψη και τους ενθαρρύνει να βαδίσουν σε ένα μονοπάτι αυτογνωσίας και εξέλιξης.

Μέσα από μια ολοκληρωμένη διερεύνηση της ατομικής νευρολογίας και των κοινωνικών επιρροών, το βιβλίο αποκαλύπτει πώς ο φόβος, η ντροπή και οι κοινωνικές προσδοκίες μπορούν να οδηγήσουν σε συγκαλυμμένη αντικοινωνική συμπεριφορά και μια αρπακτική νοοτροπία. Τονίζει τη σημασία της εκπαίδευσης, της αυτογνωσίας και του θάρρους να σκεφτεί κανείς διαφορετικά ως κλειδιά για την υπέρβαση αυτών των καταστροφικών προτύπων. Οι αναγνώστες θα αποκτήσουν μια ολοκληρωμένη εικόνα της εξελικτικής ανάπτυξης του ανθρώπινου νου, της επιρροής των πολιτισμικών και προσωπικών εμπειριών και της δύναμης της ενδοσκόπησης. Κατανοώντας τα υποκείμενα κίνητρα και τους φόβους που καθοδηγούν τις ανθρώπινες πράξεις, το βιβλίο ενδυναμώνει τους αναγνώστες να υπερβούν τα κοινωνικά πρότυπα και να υιοθετήσουν έναν πιο εξελιγμένο τρόπο σκέψης.

Περισσότερο από έναν οδηγό προσωπικής ανάπτυξης, το «Αφύσικο» είναι ένα κάλεσμα σε δράση για κοινωνική αλλαγή, προτρέποντας τους αναγνώστες να συμβάλουν σε έναν κόσμο όπου η συνεργασία και η ενσυναίσθηση υπερισχύουν της διαίρεσης και του ανταγωνισμού. Είτε πρόκειται να κατανοήσει κανείς τις περιπλοκές της ανθρώπινης ψυχολογίας είτε να μεταμορφώσει τη ζωή του, το βιβλίο αυτό παρέχει τα εργαλεία και τις προοπτικές που απαιτούνται για να ευδοκιμήσει σε έναν πολύπλοκο κόσμο.

Κεφάλαιο 1: Η εξέλιξη της κρυφής αντικοινωνικής συμπεριφοράς

Πιθανότατα έχετε περάσει το μεγαλύτερο μέρος της ζωής σας αναρωτώμενοι γιατί τόσοι πολλοί άνθρωποι είναι κακοί ή και ζηλιάρηδες για τους άλλους και γιατί αυτό συμβαίνει σε εκείνους που δεν έχουν κάνει τίποτα κακό και περνούν τον περισσότερο χρόνο τους επικεντρωμένοι στη δική τους ύπαρξη και στην επιβίωση της οικογένειάς τους. Μεγάλο μέρος του κακού στον κόσμο αποδίδεται σε μυστηριώδεις αιτίες, συχνά απομονωμένες στο πλαίσιο της θρησκείας, και η ψυχοπάθεια δεν λαμβάνει την προσοχή που της αξίζει όταν αναλύεται από μια ευρύτερη προοπτική ή όταν οι πολλές επιπτώσεις της παρατηρούνται στην καθημερινή μας ζωή. Ωστόσο, τα πάντα μπορούν να απλοποιηθούν κατά μήκος μιας συγκεκριμένης εξελικτικής πορείας που αποκαλύπτει τα κρυμμένα κίνητρα, τις φιλοδοξίες, τους φόβους και τους λόγους μας. Για το σκοπό αυτό, χρειαζόμαστε μια καλύτερη κατανόηση της ατομικής νευρολογίας και πώς αυτή εφαρμόζεται στις πολλές πτυχές του κακού στον σημερινό κόσμο.

Σε έναν κόσμο με αυτοκαταστροφικές τάσεις και ανώμαλες απόψεις για την πραγματικότητα, όπου η επιθετικότητα και η εξουσία εκτιμώνται και τιμούνται περισσότερο από την αγάπη και τη συμπόνια, η μόνη διέξοδος είναι να φορέσουμε μια κοινωνική μάσκα. Έτσι, οι άνθρωποι πρέπει να προσποιούνται ότι είναι αυτοί που δεν είναι, προκειμένου να γίνουν σεβαστοί και να ενταχθούν στην κοινωνία. Αυτή η κατάσταση του νου οδηγεί προφανώς σε κοινωνικό άγχος. Έτσι, όταν οι άνθρωποι έχουν κατάθλιψη, προσπαθούν περισσότερο να το κρύψουν χαμογελώντας περισσότερο από το συνηθισμένο και κάνοντας ασυνήθιστα πράγματα. Αυτό συμβαίνει επειδή φοβούνται ότι θα υποστούν διακρίσεις. Ωστόσο, επειδή θέλουν να είναι μέρος μιας κοινωνίας που τους προκαλεί άγχος, πολλοί αναπτύσσουν αυτό που ονομάζεται συγκεκαλυμμένη αντικοινωνική συμπεριφορά, λέγοντας περισσότερα ψέματα, εξαπατώντας τους άλλους και, γενικά, κάνοντας ό,τι μπορούν για να επιβιώσουν και να κερδίσουν σε έναν εξοντωτικό ανταγωνισμό για να πάρουν περισσότερα.

Αυτή η ληστρική νοοτροπία προέρχεται από την ίδια την κατάσταση θύματος, που σημαίνει αποζημίωση για τον φόβο ότι είναι παγιδευμένοι σε αυτό που βλέπουν ως έναν διπλό κόσμο, μια δισδιάστατη πραγματικότητα. Στην ουσία, η κατάθλιψη και ο θυμός μειώνουν την αντίληψη της ζωής, επηρεάζοντας τον τρόπο με τον οποίο οι άνθρωποι βλέπουν τον εαυτό τους και συμπεριφέρονται, καθώς και τον τρόπο με τον οποίο σχετίζονται με τους άλλους.

Φυσικά, όταν αυτά τα ψυχωτικά άτομα ενεργούν με αυτόν τον τρόπο απέναντι στους άλλους ανθρώπους, δεν αργούν να υποστούν τις συνέπειες των προδοσιών και των ψεμάτων τους. Ως αποτέλεσμα, και επειδή δεν είναι σε θέση να αναλογιστούν τη δική τους συμπεριφορά, θα βυθιστούν ακόμη πιο βαθιά σε αυτή τη ερπετοειδή νοοτροπία της αναζήτησης εξουσίας πάνω στους άλλους ανθρώπους προκειμένου να τους καταπιέζουν και να επιβιώνουν. Η επιβίωση γίνεται αντιληπτή από αυτό το άτομο ως ένας μηχανισμός με τον οποίο μειώνει τις δυνατότητες των άλλων, προκειμένου να γίνει πιο ικανό να τους εκμεταλλεύεται και να τους λέει ψέματα. Αυτοί που εκμεταλλεύονται μπορούν στη συνέχεια να αρχίσουν να αντιλαμβάνονται την πραγματικότητα με διπλό τρόπο, γι' αυτό και υπάρχουν τόσοι πολλοί άνθρωποι που κρατούν την κοινωνία χαμηλά και δεν της επιτρέπουν να εξελιχθεί.

Εάν ένα άτομο παραμείνει σε μια ψυχική κατάσταση φόβου για αρκετό καιρό, θα υπάρξει θυμός και περισσότερη κατάθλιψη, η οποία θα οδηγήσει σε αυτοκτονικές σκέψεις. Ό,τι αντιλαμβάνεται το άτομο έξω από τον εαυτό του είναι μια αντανάκλαση του εσωτερικού του κόσμου, ακόμη και αν δεν υπάρχει καμία συσχέτιση μεταξύ αυτού που συμβαίνει και αυτού που αντιλαμβάνεται ότι μπορεί να συμβαίνει. Η ψυχωτική κατάσταση σχετίζεται με την έλλειψη διάκρισης και αυτοελέγχου των σκέψεων, πράγμα που σημαίνει ότι το άτομο ενοχλείται περισσότερο από απλά, συνηθισμένα προβλήματα, αλλά είναι επίσης πιο πιθανό να εκλογικεύσει αυτό που συμβαίνει ως αρνητική επίθεση στην ύπαρξή του.

Αυτή η περιγραφή συνοψίζει αυτό που συμβαίνει σε όλο τον πλανήτη και, για πολλούς, είναι τόσο συνηθισμένο που μπορεί να θεωρηθεί ακόμη και φυσιολογικό. Ορισμένοι έχουν χαρακτηρίσει αυτά τα χαρακτηριστικά ως μέρος ενός ερπετοειδούς εγκεφάλου, σε αντίθεση με έναν θηλαστικό εγκέφαλο. Αν και αυτού του είδους η σύγκριση μπορεί να διευκολύνει την κατανόηση, είναι παραπλανητική. Ο ανθρώπινος νους πρέπει να κατανοηθεί στο πλαίσιο μιας εξελικτικής πορείας που δεν εκδηλώνεται σύμφωνα με αυτό που βλέπουμε τώρα, αλλά σύμφωνα με το πλήρες δυναμικό ενός ατόμου. Αυτό σημαίνει ότι πολλοί άνθρωποι εξακολουθούν να ζουν με τα μοτίβα σκέψης ενός ανθρώπου των σπηλαίων ή κάποιου από τους περασμένους αιώνες. Υπάρχουν πολλοί λόγοι γι' αυτό: προηγούμενες ζωές, έλλειψη εκπαίδευσης, πολιτισμικές πτυχές, παιδικά τραύματα ή ένας συνδυασμός αυτών των στοιχείων μπορεί να σχετίζεται.

Αν και κάποιες εμπειρίες μας επηρεάζουν περισσότερο από άλλες, το πώς μας επηρεάζουν εξαρτάται επίσης από το πώς αντιδρούμε, και οι αντιδράσεις μας συσχετίζονται με όλα όσα έχουμε βιώσει στο παρελθόν. Ωστόσο, με την εκπαίδευση και την κατάρτιση, ένα άτομο μπορεί να βελτιωθεί, να ανακάμψει από την προηγούμενη ψυχική του κατάσταση και να εξελιχθεί σε έναν ανώτερο τρόπο σκέψης. Αυτό απαιτεί ένα ορισμένο βαθμό συνεργασίας από την πλευρά του ατόμου, και εκεί έγκειται το πρόβλημα, διότι εκείνοι που βλέπουν τον κόσμο ως απειλή είναι απίθανο να δεχτούν βοήθεια ή να δουν τη βοήθεια ως ευεργετική.

Κεφάλαιο 2 – Αποκαλύπτοντας τα ψέματα που διχάζουν την κοινωνία

Όσο πιο υγιές είναι ένα άτομο, τόσο πιο πρόθυμο είναι να βοηθηθεί, αλλά είναι επίσης λιγότερο πιθανό να χρειαστεί εξωτερική παρέμβαση, επειδή ήδη βοηθάει τον εαυτό του και το κάνει με ασφάλεια. Κατά τη διαδικασία αυτή, θα δείτε ότι οι άνθρωποι τείνουν να ευθυγραμμίζονται σε ένα συγκεκριμένο μονοπάτι: στο κάτω μέρος, θα δείτε ένα άτομο που έχει εμμονή με τη σωματική του επιβίωση. Αυτό σημαίνει ότι βλέπει τον κόσμο σε δύο διαστάσεις, με δύο μόνο επιλογές, δύο διαχωρισμούς: εγώ και αυτοί, κυνηγός ή κυνηγημένος, επιτιθέμενος ή αμυνόμενος, επιτιθέμενος ή θύμα. Ωστόσο, είναι πολύ ενδιαφέρον να σημειωθεί ότι οι άνθρωποι που προτείνουν μια ανάλυση του κόσμου βασισμένη στις δυαδικότητες, ενώ παρουσιάζονται ως χρήσιμοι για τους άλλους, στην πραγματικότητα κάνουν το αντίθετο, οδηγώντας την κοινωνία βαθύτερα σε αυτό το ψευδές δόγμα του «εγώ εναντίον τους».

Αν θέλουμε να κατανοήσουμε την αλήθεια, πρέπει να κοιτάξουμε εκείνους που προτείνουν μοντέλα που εντάσσουν την κοινωνία στη συνεχή εξέλιξη του πλανήτη. Ανάμεσα σε αυτές τις θεωρίες, βρίσκουμε τις εξής: Οι άνθρωποι που βρίσκονται στην κορυφή της εξέλιξής μας δεν έχουν εμμονή με το να παίρνουν, αλλά με το να δίνουν. Καταλαβαίνουν ότι ο κόσμος μπορεί να προοδεύσει μόνο μέσω της συνεργασίας και του συνεργιστικού συνδυασμού των προσπαθειών, όπως ακριβώς παρατηρούμε στη φύση. Στην πραγματικότητα, μπορείτε να εξετάσετε τη φύση από μια δυαδική οπτική γωνία, αρπακτικό και θήραμα, ή από μια ευρύτερη οπτική γωνία και να συνειδητοποιήσετε ότι ολόκληρο το σύστημα λειτουργεί για να διατηρηθεί.

Φυσικά, τα ζώα δεν ξέρουν τι κάνουν, όπως και πολλοί άνθρωποι δεν ξέρουν γιατί κάνουν τα πράγματα με τον τρόπο που τα κάνουν, αλλά υπάρχει μια ισορροπία που διατηρεί τη φύση όπως είναι, και αυτή η ισορροπία διαταράσσεται όταν αφαιρείται ένα στοιχείο. Το ίδιο συμβαίνει και με την ανθρώπινη κοινωνία. Αν δεν υπάρχει συνεργασία, θα υπάρξουν πόλεμοι, απληστία και καταστροφή, και το αποτέλεσμα όλων αυτών είναι ο θάνατος και η αδυναμία προόδου. Στην πραγματικότητα, οι πιο ηλίθιοι άνθρωποι σε αυτόν τον πλανήτη είναι εκείνοι που λένε ότι τα χρήματα δεν έχουν σημασία και ότι όλοι οι άνθρωποι είναι καλοί αν τους φέρονται με σεβασμό. Είναι φανερό ότι δεν ξέρουν σε ποιον πλανήτη ζουν ή πώς λειτουργεί η ζωή. Χρειαζόμαστε πλούτο και ρεαλισμό για να εκλογικεύσουμε τη δυνατότητα ενός μέλλοντος, όχι δικαιολογίες για ένα αυτοκαταστροφικό παρόν.

Αν μπορέσουμε να καταλάβουμε γιατί η κοινωνία στο σύνολό της δεν είναι οργανωμένη για την εξέλιξη, αλλά σύμφωνα με τη διεστραμμένη νοοτροπία εκείνων που τη βλέπουν από τον πάτο της εξελικτικής μας κλίμακας - νομίζοντας ότι η εξέλιξη είναι θέμα τύχης, ένα ατύχημα που φυσάει στον άνεμο και καταλήγει να το πιάσουν λίγοι - τότε θα μπορέσουμε να δούμε τη δική μας ύπαρξη πολύ διαφορετικά, γιατί θα συνειδητοποιήσουμε ότι τα περισσότερα από όσα μας λένε είναι ένα ψέμα, μια ψευδαίσθηση που έχει σχεδιαστεί για να μας κρατάει ευθυγραμμισμένους με την κοινή ψυχωτική νοοτροπία πολλών.

Φανταστείτε ότι ζείτε σε μια πολύ πρωτόγονη εποχή και όλοι σας λένε ότι πρέπει να μάθετε να ρίχνετε δόρατα για να αποτρέψετε τις εχθρικές φυλές από το να εισβάλουν στη γη σας και ότι ο μόνος τρόπος για να επιβιώσετε είναι να κυνηγάτε άγρια ζώα. Θα περάσετε όλη σας τη ζωή πιστεύοντας ότι αυτή είναι η πραγματικότητά σας. Ποτέ δεν θα δοκιμάσεις κάτι άλλο. Στη συνέχεια, όταν δεις κάποιον να ζει διαφορετικά, όπως ένα πρώην μέλος της φυλής που ξέφυγε από αυτή την τρέλα, έφτιαξε μια βάρκα και άρχισε να ζει από το ψάρεμα και τη γεωργία, θα πεις ότι είναι τρελός. Ωστόσο, θα δείτε ότι αυτό το άλλο άτομο είναι πιο ανεπτυγμένο από εσάς μόνο όταν συνειδητοποιήσετε ότι δεν είναι τόσο ανεπτυγμένος. Για να δείτε αυτόν τον τρελό ως εξελιγμένο, πρέπει να συνειδητοποιήσετε ότι δεν είναι.

Αυτό ακριβώς συμβαίνει στη σημερινή κοινωνία. Οι άνθρωποι πιστεύουν ότι οι πιο εξελιγμένοι άνθρωποι είναι τρελοί. Τους αποκαλούν άπληστους, κυνικούς, χαμένους ή απλά αλαζόνες. Αν κοιτάξετε τις λέξεις που επιλέγονται για να περιγράψουν τους ανθρώπους που απορρίπτονται για την εξέλιξή τους, θα δείτε ότι όλες έχουν να κάνουν με πράγματα που πολλοί άνθρωποι δεν μπορούν να κάνουν: είναι πρακτικοί, δημιουργικοί, περιπετειώδεις, θαρραλέοι, αναζητούν νέες δυνατότητες και δεν φοβούνται να σκεφτούν διαφορετικά.

Οι διαφορές μεταξύ των ανθρώπων είναι εύκολο να γίνουν αντιληπτές στον τρόπο με τον οποίο δομούν τις αντιλήψεις τους. Για παράδειγμα, αν διαβάζετε πολύ και ενταχθείτε σε μια ομάδα ανθρώπων που δεν διαβάζουν, μπορεί να σκεφτούν ότι διαβάζετε πολύ ή ότι οι συζητήσεις σας είναι βαρετές. Αν όμως δεν διαβάζετε καθόλου και γίνετε μέλος μιας λέσχης αναγνωστών, θα σας θεωρήσουν πολύ ηλίθιους. Κι αν διαβάζετε περισσότερο από τον μπροστινό σας, αλλά σας θεωρούν ηλίθιους; Φυσικά και θα σας απαξιώσουν, θα σας κρίνουν αρνητικά, θα σας ακυρώσουν και θα υποτιμήσουν ό,τι λέτε, αναζητώντας λόγους για να εκλογικεύσουν τις σκέψεις τους και να διατηρήσουν την ταυτότητα και την αυτοεικόνα τους ανέπαφη, κατά προτίμηση της ανωτερότητάς τους απέναντί σας. Θα πει ότι λες ψέματα και ότι είσαι τρελή. Αυτή είναι η κατάσταση του μυαλού πολλών ανθρώπων σε αυτόν τον κόσμο.

Κεφάλαιο 3 – Προβολή και αντίληψη σε έναν ψυχοπαθητικό κόσμο

Δεν είναι κακό να βλέπουμε τα πράγματα όπως είναι, αλλά να τα αντιλαμβανόμαστε όπως νομίζουμε ότι είναι, γιατί έτσι επιβάλλουμε τις αντιλήψεις μας για την πραγματικότητα στον πραγματικό κόσμο αντί να τον αναλύουμε όπως είναι. Αυτή η αδυναμία να δούμε την πραγματικότητα όπως είναι είναι πολύ εμφανής στον τρόπο με τον οποίο οι άνθρωποι προσβάλλουν ο ένας τον άλλον, επειδή η συντριπτική πλειοψηφία του πληθυσμού προβάλλει τα δικά της προβλήματα, ανασφάλειες και περιορισμούς στους άλλους, αδυνατώντας να συνειδητοποιήσει ότι τα πράγματα που παρατηρεί είναι αντανάκλαση του εαυτού του και όχι της ίδιας της πραγματικότητας.

Για παράδειγμα, ένας άντρας γύρω στα 40 που ζει ακόμα με τη μαμά του και δεν μπορεί να βρει δουλειά με αποκάλεσε παιδαριώδη και είπε ότι δεν βλέπω την πραγματικότητα με ώριμο τρόπο- ένας χοντρός άντρας που με το ζόρι κινείται είπε ότι δεν μπορώ να χτυπήσω ούτε χαρτοσακούλα- ένας άντρας που προσπαθεί να φοροδιαφύγει λέγοντας ψέματα για τις πηγές του εισοδήματός του με αποκάλεσε εγκληματία. Ένας άντρας χωρίς πανεπιστημιακό πτυχίο είπε ότι δεν ξέρω να κάνω έρευνα- ένας άντρας με μια πολύ άσχημη κοπέλα είπε ότι μάλλον είμαι παρθένος επειδή είμαι ελεύθερος- ένας συγγραφέας που πέρασε όλη του τη ζωή γράφοντας βιβλία που δεν πουλούσαν είπε ότι δεν είμαι πραγματικός συγγραφέας σαν κι αυτόν επειδή δημοσίευσε στον πιο διάσημο γαλλικό εκδοτικό οίκο. Ένας πολύ αδαής άνθρωπος, ο οποίος πάντα αποτυγχάνει με τις επιχειρηματικές του ιδέες, είπε ότι ήταν αδύνατο να βγάλω χρήματα στο διαδίκτυο και ότι έλεγα ψέματα για τη δουλειά μου. Μια πολύ χοντρή γυναίκα κορόιδεψε το χρώμα του δέρματός μου και είπε ότι δεν μοιάζω Ευρωπαία. Ένας Ισπανός που μοιάζει με Άραβα είπε, με ταπεινωτικό ύφος, ότι μοιάζω με Άραβα. Μια ψυχοπαθής γυναίκα που παλεύει με ψυχική ασθένεια είπε ότι έμοιαζα τρελή. Μια γυναίκα που απέτυχε να εκδώσει το πρώτο της μυθιστόρημα και εγκατέλειψε τα όνειρά της είπε ότι δεν έμοιαζα με πραγματική συγγραφέα. Ένας ναρκισσιστής, που έχει ήδη διαγνωστεί με ψυχική ασθένεια, με αποκάλεσε τρελή επειδή του ζήτησα να ζητήσει συγγνώμη για τη συμπεριφορά του στο παρελθόν.

Όλα αυτά είναι πραγματικά παραδείγματα από τους πολλούς ανθρώπους που έχω συναντήσει και με έχουν προσβάλει, καθώς και τα είδη των πραγμάτων που έχουν πει. Αρκεί να τους κοιτάξετε με τις ίδιες λέξεις που χρησιμοποιούν για να συνειδητοποιήσετε ότι μιλούν για τον εαυτό τους. Επιπλέον, οι προσβολές είναι τόσο αντίθετες με τη δική μου πραγματικότητα που θα έπρεπε να αμφισβητήσω τη διανοητική μου υγεία για να τις πιστέψω. Αυτός είναι και ο λόγος που είναι δύσκολο να θυμώσω με αυτούς τους ανθρώπους, επειδή αυτά που λένε έχουν να κάνουν περισσότερο με τον εαυτό τους παρά με τον άνθρωπο που έχουν απέναντί τους. Είναι σαν να καθρεφτίζουν τα δικά τους προβλήματα όσο το δυνατόν καλύτερα σε μια ανάγκη σωτηρίας. Προσβάλλουν με φράσεις που τους περιγράφουν πολύ περισσότερο από οποιονδήποτε άλλον και, σε πολλές περιπτώσεις, δεν έχουν καμία σχέση με το άτομο που προσπαθούν να προσβάλουν.

Αυτά είναι επίσης παραδείγματα ακραίων επιπέδων ψυχοπάθειας, αν και είναι πολύ συνηθισμένα στην κοινωνία μας. Αυτοί οι άνθρωποι μπορούν μόνο να προσποιούνται ότι είναι φυσιολογικοί σε έναν κόσμο που γνωρίζει ελάχιστα για τις ψυχικές ασθένειες. Στην πραγματικότητα, είναι πιο πιθανό να προσβάλλουν υγιείς ανθρώπους επειδή μπορούν να δουν ξεκάθαρα πίσω από τη μάσκα τους. Οι πιο τρελοί άνθρωποι στον κόσμο θα στοχεύουν πάντα τους πιο υγιείς από φόβο μήπως εκτεθούν και ντροπιαστούν. Ο φόβος και η ντροπή είναι τα συναισθήματα που κυριαρχούν και τρομοκρατούν περισσότερο το ψυχοπαθητικό μυαλό και μπορείτε εύκολα να τους κάνετε να νιώσουν αδύναμοι εκθέτοντας αυτά τα δύο χαρακτηριστικά. Αυτό το κάνεις επισημαίνοντας τις αδυναμίες τους και αναφέροντάς τες επανειλημμένα, γιατί οι κατηγορίες είναι απλώς καπνός για να αποσπάσεις την προσοχή από το πραγματικό πρόβλημα: τον εαυτό τους.

Μια άλλη ονομασία για αυτή την τακτική είναι η διαστρέβλωση της πραγματικότητας, ακριβώς επειδή έχει σχεδιαστεί για να σας κάνει να αμφιβάλλετε για τη δική σας λογική, αντιστρέφοντας τους ρόλους. Θέλουν να νομίζετε ότι είστε αυτοί, ώστε να μπορούν να είναι αυτοί εσείς. Ακούγεται τρελό γιατί είναι, και πολύ τρελοί άνθρωποι σκέφτονται έτσι, και αυτοί είναι η πλειοψηφία. Αλλά ο άλλος λόγος για τον οποίο οι ψυχικά άρρωστοι αλλάζουν ρόλους σε μια αλληλεπίδραση είναι ότι δεν μπορούν να συναισθανθούν το άλλο άτομο. Αλλάζουν ρόλους κατά τη διάρκεια μιας συζήτησης και σας κατηγορούν για τα πράγματα που κάνουν επειδή δεν μπορούν να κατανοήσουν την άποψή σας, και ο λόγος για αυτό έχει να κάνει με τον δικό τους φόβο και την ντροπή. Είναι παγιδευμένοι στα δικά τους νοητικά πρότυπα και έχουν εμμονή με την επιβίωση.

Ο φόβος και η ντροπή κάνουν τους ανθρώπους εσωστρεφείς, επικεντρωμένους στη δική τους ανάγκη να επιβιώσουν με οποιοδήποτε κόστος, ανεξάρτητα από τις ανάγκες των άλλων. Ωστόσο, αυτό δεν σημαίνει ότι το άτομο είναι ντροπαλό. Ο εσωστρεφής είναι ένα άτομο που έχει εσωτερικεύσει τη δική του κοσμοθεωρία και δεν είναι σε θέση να την αλλάξει όταν αλληλεπιδρά με την πραγματικότητα. Ως εκ τούτου, το άτομο αυτό γίνεται ναρκισσιστής, όχι επειδή πιστεύει ότι είναι καλύτερος από τους άλλους, αλλά επειδή γνωρίζει ότι είναι χειρότερος από όλους τους άλλους. Αυτός ο ναρκισσισμός είναι η μάσκα που δημιουργείται για να αποσπάσει την προσοχή, να ταπεινώσει και να μειώσει τους άλλους. Κάνουν αυτά τα πράγματα επειδή δεν μπορούν να δουν τον εαυτό τους πίσω από τη μάσκα και δεν μπορούν να ανεχτούν να τους δουν γι' αυτό που πραγματικά είναι.

Κεφάλαιο 4 – Πώς οι ναρκισσιστές βάζουν στο στόχαστρο τους εξαιρετικούς

Το να επαινέσετε ή να προσβάλλετε ένα άτομο είναι εξίσου εύκολο, καθώς και τα δύο ενδεχόμενα είναι συνήθως ορατά. Τα πράγματα που οι άνθρωποι θέλουν περισσότερο να κρύψουν είναι οι αδυναμίες τους, ενώ αυτά που εκθέτουν και συζητούν περισσότερο είναι τα καλύτερα προσόντα τους. Ωστόσο, οι ανασφάλειες κάνουν τους ανθρώπους να υποτιμούν τους άλλους ως μηχανισμό αυτοάμυνας. Είναι σαν να θυσιάζουν την ευημερία του άλλου για να προστατεύσουν τη δική τους, όπως ακριβώς θα έκανε ένας πολύ άπληστος και εγωιστής, γι' αυτό και τα ίδια χαρακτηριστικά είναι συχνά παρόντα στους ίδιους ανθρώπους. Οι άπληστοι, οι εγωιστές και οι ανασφαλείς έχουν παρόμοια χαρακτηριστικά συμπεριφοράς, αν και τις περισσότερες φορές ένα από αυτά τα χαρακτηριστικά είναι πιο πιθανό να εμφανιστεί από τα άλλα, λόγω των κοινωνικών συνθηκών. Συχνά, ο σύζυγος το συνειδητοποιεί αυτό αργότερα, όταν απομονώνεται με το άτομο.

Ο ναρκισσιστής καταβάλλει μεγάλες προσπάθειες για να κρύψει τα ελαττώματά του, καταβάλλοντας μάλιστα παράλογες προσπάθειες για να το πετύχει, συμπεριλαμβανομένων των πολλών ψεμάτων, επειδή ζει σε συνεχή φόβο μήπως τον δουν, φόβος που πυροδοτείται από τη δική του ντροπή. Εδώ έχουμε τον κύκλο του ναρκισσιστή, ο οποίος ξεκινάει με τη ντροπή, περνάει στο θυμό και καταλήγει στον εξευτελισμό ή ακόμα και στον εκφοβισμό των άλλων. Περιέργως, αυτό που πυροδοτεί τη ντροπή στους ναρκισσιστές είναι η αγάπη, ακριβώς επειδή δεν μπορούν να τη νιώσουν, πράγμα που τους εκθέτει περισσότερο. Όταν ένας ναρκισσιστής αισθάνεται ότι αγαπιέται ή ότι τον σέβονται, αποκαλύπτεται η ντροπή αυτού που είναι. Αυτός είναι ο λόγος για τον οποίο συμπεριφέρονται σαν δολοφόνοι. Η ευτυχία των άλλων ανθρώπων τους κάνει να αισθάνονται τρομερά άβολα. Στην πραγματικότητα, μου πήρε χρόνια για να καταλάβω γιατί τόσοι πολλοί άνθρωποι με μισούσαν απλά και μόνο επειδή χαμογελούσα. Το χαμόγελο πυροδοτεί ανασφάλειες σε πολύ εγωκεντρικούς και ανασφαλείς ανθρώπους.

Ένας άλλος έμμεσος τρόπος για να ενοχληθεί ο ναρκισσιστής είναι ο φθόνος, επειδή έχουν μια ανταγωνιστική νοοτροπία και υποθέτουν ότι όλα όσα έχουν οι άλλοι σχετίζονται με αυτά που δεν έχουν οι ίδιοι. Η επιτυχία των άλλων τους φέρνει σε δύσκολη θέση. Ως εκ τούτου, υποτιμούν τα επιτεύγματα των άλλων ή, ακόμη χειρότερα, καταστρέφουν τη φήμη τους με συκοφαντίες. Αυτό μου συνέβη όταν έγινα δημοφιλής στους μαθητές μου. Ένας από τους καθηγητές κατά κάποιο τρόπο δεν μπορούσε να κοιμηθεί τα βράδια και σχεδίαζε συνεχώς τρόπους για να με απολύσει. Το να είσαι καλύτερος είναι απλώς απαράδεκτο σε μια ομάδα όπου υπάρχει τουλάχιστον ένα πολύ αρνητικό άτομο. Γι' αυτό στις κομμουνιστικές και σοσιαλιστικές κοινωνίες, όπου η ιδέα ότι το να έχεις περισσότερα είναι κάτι κακό και επικίνδυνο, οι άνθρωποι είναι εξαιρετικά εχθρικοί απέναντι στην επιτυχία των λίγων και το να ξεχωρίζεις θεωρείται αντικοινωνική συμπεριφορά.

Η αντίθεση μεταξύ των αμερικανικών και των ευρωπαϊκών, ή ακόμη και των ασιατικών, κοινωνιών είναι πολύ εμφανής από αυτή την άποψη, διότι ενώ οι αμερικανικές αξίες προωθούν το να ξεχωρίζει κανείς και ακόμη και την αυτοπροβολή, οι ευρωπαϊκές αξίες είναι αντίθετες σε όλα αυτά. Στην πραγματικότητα, οι πλουσιότερες ευρωπαϊκές οικογένειες είναι γενικά άγνωστες, παρόλο που διαχειρίζονται μεγάλο αριθμό εμπορικών σημάτων με σημαντικό αντίκτυπο στην κοινωνία. Ο στόχος των χειρότερων ανθρώπων ανάμεσά μας είναι αρκετά προφανής: το άτομο που ξεχωρίζει ως το πιο καταρτισμένο. Αυτός είναι ο λόγος για τον οποίο τόσοι πολλοί διάσημοι επιχειρηματίες ισχυρίζονται ότι έχουν πέσει θύματα εκφοβισμού στην παιδική τους ηλικία.

Για έναν ναρκισσιστή, το χειρότερο πράγμα είναι να βρεθεί αντιμέτωπος με κάποιον ευγενικό, αξιοσέβαστο, ευγενικό, έξυπνο και ειλικρινή μπροστά σε όλους, καθώς αυτό αποκαλύπτει ξεκάθαρα την τρομερή φύση του ναρκισσιστή. Αυτό τρελαίνει τον ναρκισσιστή και του γίνεται έμμονη ιδέα να καταστρέψει αυτό το άτομο. Συχνά νομίζουμε ότι αυτές οι συμπεριφορές είναι φυσιολογικές στην κοινωνία επειδή τις συναντάμε τόσο συχνά, αλλά δεν υπάρχει τίποτα φυσιολογικό σε αυτές, ακριβώς επειδή έχουν σχεδιαστεί για να διαστρεβλώνουν την πραγματικότητα υπέρ του ναρκισσιστή. Εδώ έχουμε τον συνάδελφο στη δουλειά που συκοφαντεί τη φήμη κάποιου που απλώς κάνει καλά τη δουλειά του και τον θαυμάζουν και τον σέβονται πολλοί- έχουμε επίσης τη φίλη ή τον φίλο που καταστρέφει τη φήμη σας ανάμεσα στους φίλους και τους συγγενείς σας επειδή σας αγαπούν και σας σέβονται- τα βλέπουμε αυτά τα πράγματα ακόμη και σε τομείς όπου η προσωπική ποιότητα θα έπρεπε να είναι πιο σημαντική από την αντιπαλότητα, όπως η μουσική, η ζωγραφική και άλλες μορφές τέχνης, όπου ο καλλιτέχνης δέχεται επίθεση απλώς επειδή είναι διάσημος. Στη συνέχεια, συναντάμε μίσος προς όσους είναι πλούσιοι, ενώ οι μισοί δεν έχουν ιδέα πόσο σκληρά έχουν δουλέψει αυτά τα άτομα για να επιτύχουν αυτόν τον τρόπο ζωής. Σε γενικές γραμμές, οι ίδιοι οι μισητές είναι από τα πιο τεμπέλικα μέλη της κοινωνίας.

Ο ρατσισμός και η ξενοφοβία είναι επίσης γνωρίσματα ντροπής και ανασφάλειας, γι' αυτό και τα βλέπουμε συχνά σε έθνη που έχουν χτίσει τον εαυτό τους λεηλατώντας άλλα έθνη. Το μίσος για άλλους πολιτισμούς και λαούς θα το δείτε πιο συχνά σε εκείνους που ντρέπονται για το δικό τους παρελθόν. Βλέπουμε πολύ ρατσισμό και ξενοφοβία μεταξύ των Βρετανών, για παράδειγμα, επειδή ήταν αυτοί που καταπίεσαν, λήστεψαν και κατέστρεψαν περισσότερο άλλα έθνη. Το μίσος που νιώθουν για τους Ινδούς και τους Νοτιοαφρικανούς λόγω του χρώματος του δέρματός τους μπορεί να συγκριθεί με την τεράστια ντροπή που νιώθουν επειδή έκλεψαν τρισεκατομμύρια δολάρια από αυτά τα έθνη, των οποίων οι πολίτες αναγκάστηκαν να μεταναστεύσουν στη βρετανική επικράτεια σε αναζήτηση μιας καλύτερης ζωής.

Κεφάλαιο 5 – Οι ρίζες του ρατσισμού και της ξενοφοβίας

Οι μετανάστες φέρνουν ντροπή στους ντόπιους ρατσιστές, οι οποίοι πρέπει να την καλύψουν με σοβινισμό. Κάτι παρόμοιο βλέπουμε στους Αμερικανούς, οι οποίοι χρησιμοποιούν τον πατριωτισμό τους για να δικαιολογήσουν το μίσος τους για τους μετανάστες, παρόλο που το έθνος τους αποτελείται ουσιαστικά από απογόνους μεταναστών που έκλεψαν τη γη από τους ιθαγενείς που ζούσαν εκεί πριν από την άφιξη των αποικιοκρατών. Η ντροπή των Αμερικανών προέρχεται ακριβώς από αυτή την έλλειψη ταυτότητας, αφού δεν έχουν πού να πάνε και δεν έχουν κανένα μέρος που να μπορούν να ονομάσουν σπίτι τους. Παρόμοια συμπεριφορά μπορεί να παρατηρηθεί μεταξύ των Ισραηλινών, για τους ίδιους λόγους, επειδή έχουν ανάγκη να δικαιολογήσουν τη ντροπή τους με ρατσισμό εναντίον άλλων που είναι πολύ πιο Ισραηλινοί από εκείνους που κλέβουν τη γη τους.

Σε μεγαλύτερη κλίμακα, βλέπουμε ότι πολλά από τα προβλήματα του κόσμου απλώς μας αποσπούν την προσοχή από τη βασική αιτία της ύπαρξής τους. Πολλές συγκρούσεις, από τις πολιτικές μέχρι τις προσωπικές, προκύπτουν από την έλλειψη ικανότητας να δούμε τη ζωή μέσα από τα μάτια των άλλων, να σκεφτούμε όπως αυτοί και να τους κατανοήσουμε. Αυτό δεν είναι απλώς ένα κοινό χαρακτηριστικό, αλλά μια διανοητική ανεπάρκεια. Η κατάσταση επιδεινώνεται όταν η άποψή μας για τη ζωή φιλτράρεται μέσα από έναν μόνο φακό.

Ένα εξελιγμένο άτομο είναι αυτό που καταλαβαίνει γιατί κάποιοι άνθρωποι θέλουν να γνωρίζουν και να κατανοούν περισσότερα, καλλιεργώντας έτσι το αίσθημα της ενσυναίσθησης για τους αγώνες των άλλων, ενώ ένα λιγότερο εξελιγμένο άτομο θα είναι τόσο τρομερά ανασφαλές που θα θέλει να διαχωρίσει τον εαυτό του σε μια ομάδα που αντιτίθεται σε μια άλλη ομάδα. Αυτή η συμπεριφορά παρατηρείται στον αθλητισμό, την εθνική υπερηφάνεια, τις ρατσιστικές ομάδες και άλλες μορφές απατηλής, ανούσιας υπερηφάνειας, για τις οποίες πολλοί χάνουν ολόκληρη τη ζωή τους. Όσοι θεωρούν τον εαυτό τους ξεχωριστό από τους άλλους έχουν μια αίσθηση ανταγωνιστικότητας που προσπαθούν να καλλιεργήσουν μέσα από κάθε είδους φαινομενικά θετικές δραστηριότητες, συμπεριλαμβανομένης της ανάγνωσης βιβλίων. Τους βλέπουμε συνέχεια, καθώς θεωρούν τους εαυτούς τους ανώτερους από τους άλλους εξαιτίας της επιλογής των βιβλίων τους.

Μερικοί από αυτούς τους ανθρώπους έχουν τέτοια εμμονή με τον εαυτό τους που προσπαθούν να μου πουλήσουν βιβλία γραμμένα από άλλους συγγραφείς που ακολουθούν, αντί να ρωτήσουν τι είδους βιβλία γράφω ή να κάνουν τον κόπο να τα διαβάσουν και να συγκρίνουν τις πληροφορίες. Ωστόσο, αυτή η προεπιλογή βιβλίων, ανθρώπων και πληροφοριών γενικότερα είναι ακριβώς αυτό που τους κάνει αδαείς. Αυτό που προσπαθούν να αποφύγουν περισσότερο όταν λένε ότι οι άλλοι είναι αδαείς είναι αυτό που καταλήγουν να ενσωματώνουν στη συμπεριφορά τους.

Συνδεδεμένη με αυτά τα χαρακτηριστικά είναι η πράξη της υποβολής ερωτήσεων. Οι πιο έξυπνοι μαθητές μου έκαναν ερωτήσεις και μάθαιναν, ενώ οι πιο χαζοί υπέθεταν και έκριναν. Περισσότερα από 10 χρόνια αργότερα, οι διαφορές μεταξύ των δύο ομάδων δεν θα μπορούσαν να είναι πιο εμφανείς: η ομάδα που έχασε απέτυχε τρομερά, με πολλές ώρες εργασίας, δουλειές που μισούσαν και χαμηλούς μισθούς, ενώ η ομάδα που κέρδισε αγαπάει τη δουλειά και τη ζωή της. Η ειρωνεία εδώ είναι ότι δεν έχω δει ποτέ καμία συσχέτιση μεταξύ των βαθμών του κολεγίου και των αποτελεσμάτων που πέτυχαν οι μαθητές αργότερα. Τα αποτελέσματα αυτά συσχετίζονταν πάντα με τη στάση τους. Το μετανιώνουν όταν είναι πολύ αργά για να κάνουν μια σημαντική αλλαγή και το κόστος των αποφάσεων του παρελθόντος είναι πολύ υψηλό για να αφήσει σημαντικό χώρο ή χρόνο για αυτή την αλλαγή, η οποία κάποτε ήταν η απόσταση μιας ερώτησης που δεν έγινε ποτέ ή μια ώρα απόσπασης της προσοχής κατά την οποία ο μαθητής θα μπορούσε να είχε ακούσει την απάντηση που πρόσφερα σε κάποιον και επέλεξε να μην την ακούσει.

Οι άνθρωποι συχνά περνούν τη ζωή τους με τα χέρια στ' αυτιά και τα μάτια χαμηλά, αγνοώντας εντελώς τις ευκαιρίες που τους παρουσιάζονται. Θα μπορούσε ακόμη και ένας δάσκαλος να απαντήσει σε μια ερώτηση που ο συνάδελφος που κάθεται πίσω του πρέπει να κάνει ο ίδιος. Επέλεξαν να αγνοήσουν αυτή την ευκαιρία, και αυτή η επιλογή τους κόστισε το πεπρωμένο τους. Τα πάντα στη ζωή είναι αποτέλεσμα των επιλογών που κάνουμε σχετικά με το τι θα ακούσουμε και, κυρίως, ποιον θα ακολουθήσουμε. Οι ανόητοι τείνουν συχνά να ταυτίζονται με άλλους ανόητους. Χρειάζεται ιδιαίτερο μυαλό για να αναγνωρίσει κανείς την αξία της πληροφορίας. Μία από τις ιδιότητες αυτών των μυαλών είναι η ταπεινότητα.

Ποτέ δεν είδα κανέναν ως ανώτερο ή κατώτερο από μένα, και αυτό είναι ίσως ένα από τα πιο εντυπωσιακά χαρακτηριστικά της προσωπικότητάς μου, που με έφερε από τον πάτο στο σημείο που βρίσκομαι τώρα. Πάντα αναλύω τα πράγματα από μια ανώτερη οπτική γωνία, πράγμα που σημαίνει ότι κάνω ερωτήσεις και προσπαθώ να καταλάβω την οπτική γωνία των άλλων ανθρώπων. Φυσικά, έχω ξεγελαστεί πολλές φορές, επειδή οι άνθρωποι λένε ψέματα και ήμουν αρκετά αφελής ώστε να λάβω υπόψη μου την άποψή τους. Αλλά ακόμη και αυτοί που λένε ψέματα μας διδάσκουν πολύτιμα μαθήματα για την αυτοαγάπη και τον αυτοσεβασμό. Χωρίς αυτούς, δεν θα υποφέραμε, και χωρίς τον πόνο που προκαλούν, δεν θα πασχίζαμε τόσο σκληρά για μια καλύτερη ζωή. Θα συμβιβαζόμασταν με λιγότερα ή με ό,τι μας αρκούσε εκείνη τη στιγμή.

Κεφάλαιο 6 – Πώς ο φόβος και η συμμόρφωση μας υποδουλώνουν

Οι περισσότεροι άνθρωποι δεν αναπτύσσουν τις απαραίτητες ιδιότητες για να αποφύγουν να γίνουν στόχοι για τους πιο αδύναμους ανάμεσά μας, οπότε για τη συντριπτική πλειοψηφία η ζωή είναι εύκολη και καταλήγει στο να κάνουν αυτό που βλέπουν τους άλλους να κάνουν. Διαβάζουν τα βιβλία που όλοι τους λένε να διαβάσουν και σκέφτονται όπως οι περισσότεροι άνθρωποι. Η ιδέα τους για το σωστό και το λάθος τους κάνει να φαίνονται κοινωνικά αποδεκτοί από την πλειοψηφία. Φοβούνται πολύ να είναι διαφορετικοί, παρόλο που όλοι ισχυρίζονται ότι είναι διαφορετικοί.

Στην πραγματικότητα, είναι μια πολύ περίεργη πτυχή της κοινωνίας το γεγονός ότι οι άνθρωποι θεωρούν τους εαυτούς τους ανεξάρτητους, ενώ στην πραγματικότητα δεν έχουν την ικανότητα να σκέφτονται ανεξάρτητα, ούτε καν τα εργαλεία για να μάθουν πώς να το κάνουν. Ακόμα χειρότερα, αγνοούν ότι οι σκέψεις τους δεν είναι ανεξάρτητες, επειδή ποτέ δεν τις σκέφτονται ή δεν προσπαθούν να τις αλλάξουν για οποιονδήποτε λόγο. Αντ' αυτού, εκλογικεύουν ότι όλα όσα τους αποδεικνύουν ότι είναι λάθος και στη συνέχεια επιστρέφουν σε αυτό που έκαναν. Το γεγονός ότι κάποιοι διαβάζουν περισσότερο δεν τους κάνει καλύτερους με κανέναν τρόπο, και δεν υπάρχει τίποτα στην εμπειρία τους που να δικαιολογεί την πίστη σε οτιδήποτε λένε ή προτείνουν. Βλέπουν τον κόσμο από τον πάτο της εξελικτικής κλίμακας. Γι' αυτούς, είμαι ανόητος που διαφωνώ μαζί τους και δεν θέλω να διαβάσω τα βιβλία που προτείνουν. Γι' αυτούς, είμαι απλώς τυχερός, παρόλο που είναι προφανές ότι τα βιβλία που έχουν διαβάσει δεν έχουν φέρει κανένα αποτέλεσμα στη ζωή τους. Δεν μπορούσαν καν να εξηγήσουν σωστά τα βιβλία, γιατί ο συγγραφέας μάλλον περιέπλεκε κάτι που ήταν ήδη αδιάφορο και άσκοπο.

Μια περίεργη πτυχή αυτών των ανθρώπων είναι ότι προτιμούν να με μισούν επειδή γράφω βιβλία που έρχονται σε αντίθεση με την κοσμοθεωρία τους παρά να θέλουν να μάθουν περισσότερα και να αντιμετωπίσουν τα δικά τους λάθη, φόβους και ανασφάλειες. Αλλά αυτή είναι και η πιο καταστροφική επίδραση του μυαλού σε ένα άτομο, όταν ενεργεί σαν τύραννος, εμποδίζοντάς το να δει την πραγματικότητα όπως είναι και αντ' αυτού το κρατάει σκλαβωμένο σε παλιά μοτίβα σκέψης που δεν του επιτρέπουν να δει πια.

Δεν υπερηφανεύομαι απαραίτητα ότι διαβάζω πολλά βιβλία, αλλά ότι αποφασίζω πολύ γρήγορα τι να διαβάσω και τι όχι, και ότι έχω κριτική στάση απέναντι στις πληροφορίες που περιέχονται σε αυτά, αντί να είμαι τυφλός οπαδός κάποιου δημοφιλούς σχήματος. Αυτό που με παρακίνησε να γίνω συγγραφέας ήταν ακριβώς η διαπίστωση ότι τα περισσότερα βιβλία είναι κακά και οι περισσότεροι συγγραφείς είναι ναρκισσιστές που δεν έχουν τίποτα να πουν και, σε ορισμένες περιπτώσεις, σκορπούν ακόμη μεγαλύτερη σύγχυση. Είναι ενδιαφέρον να σημειωθεί ότι η ίδια ικανότητα να βλέπω που κάνει πολλούς ανθρώπους να με αποκαλούν τώρα αλαζόνα και ναρκισσιστή. Είναι πολύ ενδιαφέρον ότι όταν βλέπεις τον κόσμο όπως είναι, οι τυφλοί σε μισούν επειδή βλέπουν αυτό που δεν μπορούν να δουν. Δεν έχω ξαναδεί τόση βλακεία στη ζωή μου.

Δεν έχω ξαναδεί τόση βλακεία στη ζωή μου όσο όταν αρχίζω να λέω στους ανθρώπους ότι γράφω βιβλία για να ζήσω και αυτοί συνειδητοποιούν ότι τα βιβλία μου δεν ταιριάζουν στην εγωιστική, παιδαριώδη κοσμοθεωρία τους. Οι ανασφάλειες και οι φόβοι τους βγαίνουν στην επιφάνεια με άσχημο τρόπο, ειδικά μεταξύ εκείνων που αυτοαποκαλούνται χριστιανοί. Είναι εκπληκτικό πόση κόλαση κρύβεται κάτω από τις μάσκες εκείνων που θέλουν να φαίνονται άγιοι και κάνουν ό,τι μπορούν για να φαίνονται καλοί. Όσο περισσότερο μάθαινα και έγραφα, τόσο περισσότερο μεγάλωνε το μίσος των άλλων, σαν να είχα γίνει απειλή για την ύπαρξή τους. Αυτό συμβαίνει επειδή είναι απλώς ένας αριθμός στο σύστημα, που εξαρτάται τρομερά από αυτό για να επικυρώσει τον εαυτό του. Αλλά προσωπικά, δεν συγκρίνω τις σκέψεις μου με αυτές των άλλων από άποψη ποσότητας ή ποιότητας, αλλά από άποψη αποτελεσματικότητας, η οποία μπορεί να μαθευτεί. Έτσι, δεν υπάρχει λόγος για φθόνο ή ντροπή. Στην πραγματικότητα, είναι σοφό να αντιγράφουμε αυτό που έχει παράγει αποτελεσματικά θετικά αποτελέσματα στη ζωή κάποιου άλλου. Αυτός είναι ο λόγος για τον οποίο, όποτε οι άνθρωποι μου ζητούν συμβουλές για το πώς να γράψουν ένα βιβλίο, τους λέω να γράψουν μια αυτοβιογραφία. Τουλάχιστον μπορείτε να συμβάλλετε στη διαφώτιση του κόσμου με τα λάθη σας, αν όχι με τις επιτυχίες σας.

Το να ξέρεις τι δεν πρέπει να κάνεις και γιατί είναι εξίσου σημαντικό με το να ξέρεις τι πρέπει να κάνεις. Πολλοί από εμάς έχουμε αποτύχει στη ζωή, όπως και άλλοι, εξαιτίας του εγωισμού μας και της άγνοιάς μας. Τίποτα δεν συμβάλλει περισσότερο στην εξάλειψη αυτού του αυτοπροκαλούμενου πόνου από τα βιβλία για την προσωπική αποτυχία. Ωστόσο, οι άνθρωποι είναι πολύ εγωκεντρικοί και ανασφαλείς για να τα γράψουν. Αυτό είναι το παράδοξο της ανθρώπινης βλακείας: οι άνθρωποι μετενσαρκώνονται πολλές φορές σε αυτή τη γη, επαναλαμβάνοντας ακριβώς τα ίδια λάθη για τους ίδιους ακριβώς λόγους, επειδή κανείς δεν κάνει τίποτα γι' αυτό. Όλοι είναι πολύ απορροφημένοι με τις μίζερες ζωούλες τους, προσπαθώντας να φανούν πιο σημαντικοί από ό,τι είναι στην πραγματικότητα, για να νοιαστούν για τους άλλους. Εκτός από το γεγονός ότι αν όλοι είναι έτσι, τότε συμπεριλαμβανόμαστε κι εμείς. Το εγωιστικό μυαλό δεν μπορεί να το καταλάβει αυτό.

Κεφάλαιο 7 –
Η εξέλιξη της αντίληψης

Σ την κορυφή της εξελικτικής πορείας ως άνθρωπος, δεν βλέπετε πλέον την πραγματικότητα ως σωστή ή λάθος, αλλά ως ενδιαφέρουσα ή αδιάφορη, ή ως αποτελεσματική πληροφορία ή άχρηστη προσωπική άποψη. Είναι συναρπαστικό όταν οι άνθρωποι θυμώνουν επειδή λέτε ότι οι απόψεις τους είναι άχρηστες. Πραγματικά πιστεύουν ότι οι απόψεις τους έχουν αξία, χωρίς ιδιαίτερο λόγο. Η συντριπτική πλειοψηφία των ανθρώπων είναι ανίκανοι να συγκρίνουν τον εαυτό τους με το σύνολο και βλέπουν τον εαυτό τους ως ξεχωριστές οντότητες, αλλά ειρωνικά αναζητούν επιβεβαίωση από το σύνολο. Έτσι, είναι ανίκανοι να διακρίνουν τι είναι δικό τους και τι όχι, θεωρώντας ότι τα πάντα τους ανήκουν, ειδικά όταν επικυρώνονται από το Όλον.

Αυτό περιλαμβάνει και τις σκέψεις τους, οι οποίες είναι συνήθως αντανάκλαση αυτού που βλέπουν τους άλλους να σκέφτονται. Στη συνέχεια, υποθέτουν ότι φυσιολογικό είναι αυτό που έχει κανονικοποιηθεί και ότι οτιδήποτε βρίσκεται εκτός αυτού του φάσματος δεν είναι φυσιολογικό. Έτσι μαθαίνουν να το φοβούνται, αλλά ποτέ δεν αμφισβητούν τις δικές τους πεποιθήσεις. Αντίθετα, επιτρέπουν στις ίδιες αυτές πεποιθήσεις να τους εξαρτούν. Αν κάποιος τους πει το αντίθετο, το απορρίπτουν. Στην πραγματικότητα, μου πήρε χρόνια για να καταλάβω γιατί τόσοι πολλοί άνθρωποι απέφευγαν να μου μιλήσουν, μέχρι που συνειδητοποίησα ότι απλά δεν μπορούσαν να μιλήσουν σε κάποιον που αμφισβητούσε όλα όσα πίστευαν ως αληθινά. Όσο περισσότερα γνωρίζετε, τόσο περισσότερο οι ανόητοι που δημιουργούν την ταυτότητά τους με βάση τις δημοφιλείς απόψεις θα σας απορρίπτουν, επειδή τους προκαλείτε κρίση ταυτότητας. Πολλοί άνθρωποι που έχω γνωρίσει μου έχουν πει ακόμη και ότι δεν μπορούν να κοιμηθούν ή βλέπουν εφιάλτες εξαιτίας αυτών που τους έχω πει. Οι εφιάλτες είναι ο τρόπος του νου να πολεμάει τον εαυτό του όταν ματαιώνεται και προκαλείται συναισθηματικά. Ο εφιάλτης είναι μια ανασφάλεια που έρχεται στην επιφάνεια για να ξεπεραστεί. Ωστόσο, αυτό δεν συμβαίνει ποτέ, επειδή το άτομο φοβάται πολύ να αντιμετωπίσει τις ανασφάλειές του. Αυτός είναι ο λόγος για τον οποίο βλέπουν εφιάλτες.

Ένα ακόμη πιο εκπληκτικό αποτέλεσμα αυτού του γεγονότος είναι όταν οι άνθρωποι αρνούνται όχι μόνο τα γεγονότα, αλλά και την πραγματικότητα που τα συνοδεύει. Πολλοί άνθρωποι που έχω συναντήσει κυριολεκτικά λένε ότι δεν είμαι πραγματικός συγγραφέας, επειδή δεν ταιριάζω σε ό,τι πιστεύουν για τους συγγραφείς. Είναι τόσο βυθισμένοι σε στερεότυπα και κοινωνικούς ρόλους που δεν μπορούν να καταλάβουν ότι η συγγραφή ενός βιβλίου δεν σχετίζεται με την κοινωνική θέση, αλλά με τη γνώση, και ότι η γνώση δεν επικυρώνεται από τον χώρο ή το προϊόν στο οποίο παρουσιάζεται, αλλά από την αποτελεσματικότητά της. Με άλλα λόγια, είναι ανίκανοι να αξιολογήσουν τις πληροφορίες που κρύβονται πίσω από τις κοινωνικές εικόνες. Είναι σαν να έχουν παγιδευτεί σε όλη τους τη ζωή σε ένα παιδικό όραμα, όπου τα πάντα πρέπει να χωράνε σε ένα κουτί και ο κόσμος δεν είναι τίποτα περισσότερο από αντικείμενα σε κουτιά. Δεν κατανοούν τη ρευστότητα της πραγματικότητας.

Αυτός είναι ο ίδιος λόγος για τον οποίο οι άνθρωποι είναι μοιρολάτρες και θεωρούν ότι όλα είναι καθορισμένα από τη γέννησή τους. Είναι ακόμη χειρότερο όταν οι γιατροί λένε ότι όλες οι ασθένειες είναι γενετικές ή ότι η νοημοσύνη δεν αλλάζει. Αυτό το ψέμα διαιωνίζεται σε όλο τον κόσμο επειδή οι άνθρωποι είναι πολύ ηλίθιοι για να φανταστούν μια πραγματικότητα στην οποία τα πράγματα αλλάζουν. Αυτή η κοσμοθεωρία θα αμφισβητούσε όλα όσα πιστεύουν ότι είναι αληθινά και θα τους έκανε να συνειδητοποιήσουν ότι έχουν εξαπατηθεί από τον κόσμο που εμπιστεύονται. Δεν μπορούν να το κάνουν αυτό, οπότε επιλέγουν να πιστεύουν ότι τίποτα δεν αλλάζει και ότι είσαι απλώς ένα αντίγραφο όλων των άλλων στο κουτί στο οποίο ανήκεις. Γι' αυτό οι άνθρωποι με ρωτούν πού γεννήθηκα και περνούν ώρες μιλώντας γι' αυτό, λες και η πληροφορία για τον τόπο γέννησής μου περιέχει όλα όσα πρέπει να ξέρουν για μένα. Αυτό μου λέει δύο πράγματα: το ένα είναι ότι ακυρώνουν ολόκληρη την ύπαρξη και την ταυτότητά μου- το άλλο είναι ότι βλέπουν τον εαυτό τους με τον ίδιο τρόπο.

Βλέπω ακριβώς το ίδιο πρόβλημα με εκείνους που μου λένε ότι θέλουν να γράψουν ένα βιβλίο, γιατί πάντα μου κάνουν ερωτήσεις σχετικά με το πώς να το προωθήσουν και να το πουλήσουν. Δεν έχω συναντήσει ποτέ ούτε ένα άτομο, από τα πολλά που κάνουν αυτές τις ερωτήσεις, που να με έχει ρωτήσει πραγματικά τι θέλουν να διαβάσουν οι άνθρωποι ή πώς να γράψουν ένα καλό βιβλίο. Όλοι έχουν εμμονή με το να γίνουν συγγραφείς, όχι με το να δικαιολογήσουν την επιλογή τους. Όλοι αναζητούν απεγνωσμένα την επιβεβαίωση, όχι την αξία. Οι άνθρωποι είναι ψυχικά άρρωστοι και η συγγραφή ενός βιβλίου δεν θα το αλλάξει αυτό, αλλά νομίζουν ότι τα επιτεύγματά τους θα τους επιτρέψουν να κερδίσουν τον σεβασμό που χρειάζονται για να νιώσουν ότι αξίζουν τη ζωή που σπατάλησαν.

Αυτή η ιδέα προέρχεται από μια εγωιστική νοοτροπία, όπου οι άνθρωποι πιστεύουν ότι μπορούν να επιβάλλουν τη θέλησή τους στους άλλους, ακόμη και αν γράφουν σκουπίδια. Έτσι καταλήγουμε σε έναν κόσμο στον οποίο τα περισσότερα βιβλία δεν αξίζουν να διαβαστούν και πολλοί αναγνώστες διαβάζουν σκουπίδια. Και στις δύο περιπτώσεις, αλληλοσυμπληρώνονται στο κατώτερο άκρο της εξελικτικής κλίμακας, επειδή ο ένας γράφει για να νιώσει σημαντικός, ενώ ο άλλος διαβάζει για να νιώσει σημαντικός. Χρειάζεται μια πολύ πιο εξελιγμένη ψυχή για να γράψει βιβλία που αξίζουν να διαβαστούν, καθώς και ένας πιο εξελιγμένος αναγνώστης για να τα αναγνωρίσει. Γι' αυτό λέω ότι δεν θα μπορούσα να υπάρξω χωρίς τους αναγνώστες μου, γιατί είμαστε και οι δύο μέρος του ίδιου συστήματος, και δεν θα με εξέπληττε αν, κατανοώντας τη δική μου γραφή, έγραφαν βιβλία που θα ήθελα να διαβάσω.

Κεφάλαιο 8 - Πώς η συλλογική άγνοια διαμορφώνει τον κόσμο μας

Μια ιδέα είναι πολύτιμη μόνο αν η πλειοψηφία την εκτιμά- επομένως, έχουμε τον κόσμο που θεωρούμε σχετικό επειδή κάνουμε όλα τα άλλα άσχετα. Αυτή η φόρμουλα μπορεί να εφαρμοστεί σε οτιδήποτε, συμπεριλαμβανομένης της τεχνολογίας, της μηχανικής και των επιχειρήσεων. Όπως έχουν ανακαλύψει πολλοί εφευρέτες, μια καλή εφεύρεση σε έναν κόσμο ηλιθίων δεν αποφέρει κέρδη, επειδή οι ηλίθιοι δεν βλέπουν την αξία αυτού που προσφέρεται. Αυτό γίνεται εύκολα κατανοητό αν φανταστείτε να πηγαίνετε πίσω στον χρόνο και να φέρνετε μια τηλεόραση σε μια κοινωνία που έπρεπε να κυνηγάει για να επιβιώσει, επειδή αυτή η ψυχαγωγία θα τους αποσπούσε την προσοχή για αρκετό καιρό ώστε να καταλήξουν νεκροί. Θα ερχόταν ένα σημείο όπου θα συνειδητοποιούσαν ότι η τηλεόραση ήταν στην πραγματικότητα ένας εθισμός που έθετε σε κίνδυνο την ικανότητά τους να επιβιώνουν ως φυλή. Σήμερα, η τηλεόραση παίζει πολύ διαφορετικό ρόλο, καθώς οι άνθρωποι τη βλέπουν ως έναν τρόπο διαφυγής από την πραγματικότητα και χαλάρωσης. Χωρίς την τηλεόραση, οι περισσότεροι άνθρωποι πιθανότατα θα τρελαινόταν σκεπτόμενοι την ύπαρξή τους.

Ένας φιλόσοφος δεν μπορεί να έχει πολλούς φίλους γι' αυτόν ακριβώς τον λόγο, και οι φιλόσοφοι παρερμηνεύονται ως άνθρωποι που σπαταλούν τον χρόνο τους σκεπτόμενοι ανοησίες, επειδή η πλειοψηφία της κοινωνίας δεν ξέρει πώς να σκέφτεται, δεν βλέπει την αξία του να το κάνει και δεν του αρέσει να το κάνει. Μαθαίνοντας να σκέφτεστε και αρχίζοντας να σκέφτεστε αποτελεσματικά, αποκτάτε επίγνωση της δικής σας μιζέριας, πράγμα που είναι ακριβώς το αντίθετο από αυτό που θέλουν οι άνθρωποι όταν αποσπούν την προσοχή τους από την παρέα των άλλων και τις πολλές μορφές ψυχαγωγίας.

Θυμάμαι όταν ένας καθηγητής μου έδωσε το αποτέλεσμα των εθνικών εξετάσεων φιλοσοφίας και μου είπε: «Δεν ξέρουμε πώς τα κατάφερες, αλλά πήρες τον υψηλότερο βαθμό σε ολόκληρη τη χώρα». Αναφερόταν στην έκπληξη πολλών καθηγητών φιλοσοφίας για τον βαθμό μου. Ήταν έκπληκτοι γιατί δεν μπορούσαν να καταλάβουν πώς ένας έφηβος μπορούσε να απομνημονεύσει τόση πολυπλοκότητα και να την εξηγήσει τόσο καλά σε μια εξέταση. Ωστόσο, εγώ δεν εξεπλάγην από τη βαθμολογία μου, επειδή κατάλαβα τι έλεγαν αυτοί οι φιλόσοφοι και βρήκα τις ερωτήσεις των εξετάσεων πολύ εύκολες για τον όγκο των πληροφοριών που μπόρεσα να μεταφέρω. Στην πραγματικότητα, έγραψα πολύ περισσότερα απ' ό,τι θα έπρεπε, ακριβώς επειδή μπορούσα να δω την εφαρμογή όλων όσων εξηγούσαν αυτοί οι φιλόσοφοι. Ωστόσο, εκείνη την εποχή δεν είχα συνειδητοποιήσει ότι οι καθηγητές φιλοσοφίας δεν μπορούσαν να δουν τόσο μακριά όσο εγώ και τους θεωρούσα κακούς δασκάλους που είχαν την τάση να περιπλέκουν τα απλά πράγματα.

Προσπαθούσαν να αξιολογήσουν με τον ίδιο τρόπο που έβλεπαν τον εαυτό τους, αναμασώντας πληροφορίες που δεν μπορούσαν να αφομοιώσουν. Και όμως εδώ έχουμε μια κοινωνία ανόητων που κρίνουν τους άλλους μόνο με βάση την κοινωνική τους θέση. Πού αλλού το βλέπουμε αυτό; Παντού! Ακόμα και οι ηλίθιοι στο αεροδρόμιο νομίζουν ότι μπορούν να με εμποδίσουν να εισέλθω και να εξέλθω από μια χώρα για αυτόν τον λόγο. Συχνά δεν γνωρίζουν, δεν καταλαβαίνουν και δεν τους ενδιαφέρει ο πραγματικός σκοπός της θέσης τους. Θεωρούν τους εαυτούς τους πολύτιμους λόγω της εξουσίας που έχουν να περιορίζουν τους άλλους. Αλλά τι άλλη απάντηση μπορώ να δώσω σε κάποιον που με ρωτάει: «Πόσο καιρό σκοπεύετε να μείνετε σε αυτή τη χώρα;». Λες και η σωστή απάντηση δεν ήταν «για όσο καιρό το επιτρέπει ο νόμος»;

Την τελευταία φορά που μπήκα στην Ταϊλάνδη, μου είπαν ότι δύο μήνες ήταν πολύς χρόνος για να μείνω στη χώρα, και τους απάντησα: «Αυτό λέει ο νόμος ότι δικαιούμαι». Στη συνέχεια με ρώτησε γιατί δεν είχα κλείσει ξενοδοχείο για δύο μήνες, και του απάντησα: «Επειδή δεν ξέρω αν θα με αφήσετε να περάσω ακόμα». Απλές απαντήσεις που αυτοί οι ηλίθιοι δεν καταλαβαίνουν γιατί δεν ξέρουν να κάνουν σωστά τη δουλειά τους. Αυτό είναι το ίδιο πρόβλημα σε όλο τον κόσμο. Οι άνθρωποι μπερδεύουν την εξουσία τους με τον σκοπό της δουλειάς τους επειδή δεν ξέρουν τι κάνουν. Απλώς παίζουν έναν ρόλο χωρίς πραγματικό νόημα. Αυτό είναι ακόμη πιο εμφανές με τους υπαλλήλους που διαχειρίζονται αποσκευές, οι οποίοι πάντα σπάνε τις βαλίτσες των ταξιδιωτών. Δεν έχω περάσει ποτέ από ελληνικό αεροδρόμιο χωρίς να δω μια καινούργια βαλίτσα εντελώς σπασμένη. Αυτό λέει πολλά για την ψυχική κατάσταση αυτών των ανθρώπων.

Είναι ενδιαφέρον να παρατηρήσουμε ότι όταν οι άνθρωποι δεν μπορούν να ανταπεξέλθουν στη ζωή, ακριβώς επειδή δεν μπορούν να αντιμετωπίσουν όλες τις ανακολουθίες της πραγματικότητας που αντιμετωπίζουν, πρέπει να επινοήσουν φανταστικές εξηγήσεις για την ύπαρξή τους και να συνεχίσουν να δικαιολογούν όσα τους συμβαίνουν, αντί να συνειδητοποιήσουν ότι τα προβλήματα που προσελκύουν οφείλονται στις δικές τους επιλογές. Αυτό συμβαίνει σίγουρα με πολλούς Έλληνες, Πορτογάλους και Ισπανούς, οι οποίοι αξίζουν να τους ρίξουν μπουνιά στο πρόσωπο, αλλά νομίζουν ότι το να είναι αγενείς με τους άλλους, για κανέναν άλλο λόγο εκτός από το χρώμα του δέρματός τους, δικαιολογεί την έλλειψη επαγγελματισμού και ευγένειας. Αλλά αυτό που είναι ακόμα πιο ενδιαφέρον σχετικά με τα ψέματα που δέχονται οι άνθρωποι είναι το πόσο πολύ μπορούν να αντιφάσκουν με τον εαυτό τους χωρίς να το καταλαβαίνουν.

Κεφάλαιο 9:
Η σπείρα της αποφυγής

Οι άνθρωποι συχνά λένε ότι τα χρήματα δεν είναι σημαντικά, αλλά ζουν με τον φόβο ότι θα χάσουν τη δουλειά τους και περνούν οκτώ ώρες την ημέρα κάνοντας κάτι που δεν τους αρέσει προκειμένου να πληρωθούν. Λένε επίσης ότι οι φίλοι και η οικογένειά τους είναι οι πιο σημαντικοί άνθρωποι στη ζωή τους, αλλά περνούν μια ολόκληρη εβδομάδα δουλεύοντας με αγνώστους. Λένε ότι η ευτυχία έρχεται από μέσα τους, αλλά πάντα σκέφτονται να ταξιδέψουν κάπου αλλού. Λένε ότι το καλό φαγητό και το κλίμα είναι σημαντικά, αλλά συχνά θέλουν να ζουν σε πιο κρύες περιοχές, αν μπορούν να πάρουν καλύτερο μισθό. Λένε ότι η καλή υγεία είναι πολύ σημαντική, αλλά τρώνε συνεχώς για ευχαρίστηση, ακόμη και όταν αυτό που τρώνε είναι επιβλαβές για την υγεία τους. Αυτή η υποκρισία επεκτείνεται και στο τι λένε στους άλλους να σκέφτονται και να ενεργούν, γιατί είναι αυτό που θέλουν να κάνουν, όχι αυτό που θα έκαναν στην πραγματικότητα οι ίδιοι για τον εαυτό τους. Για παράδειγμα, όσοι μου λένε ότι πρέπει να μείνω σε ένα μέρος και να μην ταξιδέψω δεν μπορούν να πάνε πουθενά.

Επομένως, αυτό που κάνω εγώ πρέπει να είναι κακό, γιατί δεν μπορούν να το έχουν. Αυτή είναι η περιορισμένη οπτική ενός ανώριμου ενήλικα.

Αν και η θλίψη και η κατάθλιψη είναι φυσιολογικές συναισθηματικές καταστάσεις, όπως και η ευτυχία, υπάρχει λόγος που οι αρνητικές καταστάσεις είναι πιο συχνές, και αυτός οφείλεται στα απατηλά παραδείγματα που οδηγούν τόσους πολλούς ανθρώπους να μπερδεύονται σχετικά με τον εαυτό τους και τη ζωή. Όσο περισσότερο κάποιος αποδίδει τις απαντήσεις στα προβλήματα και τα συναισθήματά του σε κάτι έξω από τον εαυτό του και τις δικές του επιλογές, τόσο περισσότερο εκλογικεύει τις αιτίες ως δικαιολογημένες και τόσο πιο γρήγορα μπαίνει σε ένα καθοδικό σπιράλ στην ψυχική του κατάσταση. Αυτού του είδους η σκέψη είναι ακριβώς αυτό που κρατάει τους ανθρώπους στον πάτο της εξελικτικής κλίμακας και γι' αυτό δεν μπορούν να βγουν από την κατάσταση στην οποία βρίσκονται.

Πολλοί άνθρωποι πιστεύουν ότι μπορούν να απαλλαγούν από τα προβλήματά τους με περισσότερα χρήματα, αλλά αυτό δεν είναι αλήθεια, διότι ο τρόπος που σκέφτονται θα τους οδηγήσει ακριβώς εκεί που βρίσκονται, ακριβώς επειδή έχουν μάθει να ταυτίζονται με αυτόν. Το να αποδείξεις ότι κάνεις λάθος σημαίνει να αποδεχτείς ότι μια ολόκληρη ύπαρξη έχει πάει χαμένη με το να κάνεις λάθος, και αυτό δημιουργεί ενοχές και ντροπή. Αυτός είναι ο λόγος για τον οποίο οι άνθρωποι δεν μπορούν να αντιμετωπίσουν την ενδοσκόπηση. Όσο περισσότερο αποτυγχάνει κάποιος στη ζωή του, τόσο λιγότερο θέλει να κάνει ενδοσκόπηση της συμπεριφοράς του. Δεν μπορείς να κάνεις ένα άτομο που έχει εμμονή να ξεφύγει από τη ζωή του να σκεφτεί τη συμπεριφορά του, γι' αυτό και οι έφηβοι συχνά δεν ακούνε κανέναν που τους λέει ότι τα ναρκωτικά βλάπτουν τον εγκέφαλο και το σώμα.

Λένε ότι πρέπει να είσαι ταπεινός για να βρεις την αλήθεια, αλλά αυτή η ταπεινότητα δεν έχει να κάνει με το πώς συμπεριφερόμαστε στους άλλους, αλλά με το πώς βλέπουμε τον εαυτό μας. Πρέπει να είμαστε σε θέση να αναγνωρίσουμε τη ντροπή και την ενοχή μας πριν αναλάβουμε την ευθύνη για τη ζωή μας. Βοηθάει αν μπορείτε να εμπιστευτείτε μια ανώτερη δύναμη, τον Θεό, για να σας καθοδηγήσει, και αν βλέπετε αυτόν τον Θεό ως τον τελικό σας στόχο και όχι τον εαυτό σας, γιατί δεν υπάρχει όριο σε αυτό που θεωρείτε τον αληθινό σας εαυτό. Αυτές είναι πραγματικά οι μόνες δύο επιλογές που έχετε, διότι είτε είστε ευθυγραμμισμένοι με μια ανώτερη νοημοσύνη είτε είστε υποταγμένοι στο σύστημα πεποιθήσεων της συλλογικότητας και ενεργείτε πάντα ως πιόνι σε αυτό το παιχνίδι.

Αν και μπορεί να φαίνεται ευκολότερο να εγκαταλείψουμε τον προσωπικό έλεγχο του πεπρωμένου μας, υπάρχουν πολλοί περισσότεροι κίνδυνοι. Οι άνθρωποι μπορεί να έχουν διαφορετικό υπόβαθρο και προσωπικότητα και επομένως να ανταποκρίνονται διαφορετικά στις προκλήσεις της ζωής, αλλά όλοι επεξεργάζονται τις πληροφορίες με τον ίδιο τρόπο και φιλτράρουν την πραγματικότητα σύμφωνα με τους ίδιους νόμους του νου. Γι' αυτό δεν μπορούμε να πούμε ότι υπάρχει υποκειμενικότητα, παρά μόνο όταν πρόκειται για τις προσωπικές μας επιλογές. Τα υψηλότερα επίπεδα αναγνώρισης περιλαμβάνουν την αγάπη ως ένα συναίσθημα που μας γεμίζει, είτε όταν κινούμαστε προς τα πράγματα που μας κάνουν ευτυχισμένους είτε όταν συμβάλλουμε στην ανάπτυξη του πλανήτη. Αυτός είναι ο λόγος για τον οποίο η μοναξιά δεν είναι φυσικό φαινόμενο για έναν άνθρωπο. Ο μόνος τρόπος για να νιώσει κάποιος καλά με το να είναι μόνος θα ήταν να γνωρίζει ότι τα πράγματα που παράγει σε στιγμές μοναξιάς επικοινωνούν με άλλους ανθρώπους γύρω του και δημιουργούν σημαντικές αλλαγές που απαιτούν τέτοιες θυσίες. Γι' αυτό βλέπουμε αυτή τη στάση πιο συχνά σε καλλιτέχνες και ηγέτες.

Πολλοί άνθρωποι σήμερα μπορεί να μην συνειδητοποιούν ότι είναι μοναχικοί, αλλά η έλλειψη σωματικής επαφής, προσωπικής αλληλεπίδρασης και η συνεχής χρήση των μέσων κοινωνικής δικτύωσης για κάθε είδους επικοινωνία μας δείχνει ότι είναι πραγματικά μοναχικοί. Οι σημερινοί πολλοί περισπασμοί δεν αλλάζουν αυτό το γεγονός. Όταν βρίσκεστε δίπλα σε κάποιον, ανταλλάσσονται πολύ περισσότερα από λέξεις: υπάρχουν επίσης συναισθήματα, αντιλήψεις και μια ορισμένη ποσότητα μη λεκτικής επικοινωνίας. Συνολικά, αυτές οι πολυεπίπεδες αλληλεπιδράσεις μας βοηθούν να κατανοήσουμε καλύτερα τι σημαίνει να είσαι άνθρωπος.

Κεφάλαιο 1Ο: Διανοητική υποδούλωση σε ένα ελεγχόμενο σύστημα

Έ να από τα πιο σημαντικά πράγματα σχετικά με το να είσαι άνθρωπος που οι άνθρωποι φαίνεται να ξεχνούν λόγω της συνεχούς αλληλεπίδρασης στον εικονικό κόσμο είναι η εκτίμηση. Οι άνθρωποι έχουν πλέον υπερβολική εμμονή με τον εαυτό τους και τις ανάγκες τους και τείνουν να ξεχνούν τη σημασία της αναγνώρισης της αξίας ενός άλλου ανθρώπινου όντος. Αυτό γίνεται εύκολα κατανοητό όταν αλληλεπιδράτε με ένα παιδί, σε σύγκριση με τους περισσότερους ενήλικες, επειδή το παιδί περιμένει από εσάς τουλάχιστον να χαμογελάσετε, να απαντήσετε στις ερωτήσεις του και να το αποχαιρετήσετε όταν φεύγετε. Αυτό δεν συμβαίνει με τους ενήλικες, οι οποίοι συχνά δεν κοιτάζουν καν τα παιδιά στα μάτια. Τα παιδιά είναι επίσης πιο δεκτικά στο να λαμβάνουν δώρα από ό,τι οι ενήλικες. Τα παιδιά χαμογελούν όταν τους προσφέρετε κάτι, ενώ οι ενήλικες αρχίζουν να αναρωτιούνται για τις προθέσεις σας.

Αυτές οι διαφορές στη συμπεριφορά έχουν πολλές αιτίες, και μπορούμε ακόμη και να πούμε ότι το παιδί είναι αφελές, αλλά η αλήθεια είναι ότι ο ενήλικας έχει μάθει να εσωτερικεύει τις σκέψεις του και να μην εμπιστεύεται τους άλλους ανθρώπους. Παρόλο που αυτή η συμπεριφορά είναι αναμενόμενη, δεν μπορεί να θεωρηθεί φυσιολογική. Οι ενήλικες χρειάζονται πολύ χρόνο για να εμπιστευτούν και αυτό δυσκολεύει τις αλληλεπιδράσεις, γι' αυτό και πολλοί άνθρωποι ζουν μοναχικές ζωές. Ωστόσο, η άγνοια αυτών των γεγονότων κάνει τους ανθρώπους ακόμη πιο απομονωμένους από ό,τι θα έπρεπε, τουλάχιστον σε πολλούς πολιτισμούς του εκσυγχρονισμένου κόσμου. Ως αποτέλεσμα του ότι περνούν περισσότερες ώρες αλληλεπίδρασης με αλγόριθμους και λιγότερες με ανθρώπους, οι μάζες αποκτούν ακόμη μεγαλύτερη εμμονή με τις δικές τους πεποιθήσεις, απλώς και μόνο επειδή ο εικονικός κόσμος αναπαράγει συνεχώς αυτό που τους αρέσει να κάνουν, προκειμένου να απαιτούν περισσότερη αλληλεπίδραση και προσοχή.

Αν αντιστρέψουμε αυτό το παράδειγμα και εξετάσουμε πώς το άτομο αλλάζει μέσα από την αλληλεπίδραση με τους άλλους, θα δούμε ότι η δυσκολία της αλλαγής προκύπτει ως αποκρυστάλλωση αυτού που ήδη υπάρχει: των εσωτερικευμένων πεποιθήσεών του για τον εαυτό του, τους άλλους και τον πλανήτη. Το αποτέλεσμα αυτής της κατάστασης του νου είναι ότι περισσότεροι άνθρωποι ενεργούν αλαζονικά και, ταυτόχρονα, είναι ανόητοι για τα πράγματα που πιστεύουν ότι είναι αληθινά. Είναι σαν να λες ότι επειδή γνωρίζεις το σπίτι σου, γνωρίζεις και τον υπόλοιπο κόσμο. Οι άνθρωποι τότε υποθέτουν ότι έχουν δίκιο επειδή τα αποτελέσματά τους στη ζωή είναι πάντα τα ίδια, αντί να συνειδητοποιήσουν ότι τα αποτελέσματά τους είναι προβλέψιμα επειδή οι επιλογές τους είναι πάντα οι ίδιες.

Αυτό έχει δύο πλεονεκτήματα για το σύστημα: το ένα είναι ότι οι άνθρωποι υφίστανται εύκολα πλύση εγκεφάλου και ελέγχονται επειδή δεν θέλουν να αλλάξουν το παράδειγμα που έχει αποτυπωθεί στο μυαλό τους- το άλλο είναι ότι το άτομο γίνεται προβλέψιμο. Ωστόσο, αυτή η προβλεψιμότητα είναι επωφελής για το σύστημα, αλλά όχι για το άτομο, το οποίο γίνεται σκλάβος του μυαλού του. Αυτή η νοητική σκλαβιά αντικατοπτρίζεται στον τρόπο με τον οποίο οι άνθρωποι επεξεργάζονται τις πληροφορίες. Για παράδειγμα, πάντα με ρωτούν πώς μπορώ να κάνω εύκολα φίλους σε οποιαδήποτε χώρα, και η απάντηση συνήθως εκπλήσσει το άτομο που ρωτάει. Επειδή οι άνθρωποι έχουν εμμονή με τη δική τους κοσμοθεωρία, δεν συνειδητοποιούν ποτέ ότι ο μόνος τρόπος για να κάνεις νέους φίλους είναι να κάνεις κάτι διαφορετικό από αυτό που κάνουν οι άλλοι. Η απλή απάντηση είναι να δημιουργείς χάος. Πρέπει να δημιουργήσετε χάος στην πραγματικότητα των άλλων ανθρώπων για να αλλάξετε τη συμπεριφορά τους. Αυτό σημαίνει ότι πρέπει να ξεκινήσετε συζητήσεις με αγνώστους, να οργανώσετε τις δικές σας εκδηλώσεις και να εξερευνήσετε νέους τρόπους σκέψης που ευθυγραμμίζονται με τις τάσεις που παρατηρείτε.

Φυσικά, οι άνθρωποι μπορεί να προσβληθούν από τη συμπεριφορά σας και να μπερδευτούν από τις προσπάθειές σας να τους μιλήσετε, αλλά αυτό είναι μέρος της διαδικασίας και δεν θα αντιδράσουν όλοι με τον ίδιο τρόπο. Συγκρίνοντας τις διαφορετικές αντιδράσεις, μπορείτε να επαναδιατυπώσετε μια καλύτερη στρατηγική και να προσαρμοστείτε σε αυτήν. Ωστόσο, αυτό που συμβαίνει με τους περισσότερους ανθρώπους είναι ότι πιστεύουν κάτι που δεν είναι αλήθεια και το κάνουν μέρος της προσωπικότητάς τους. Και όταν κάτι δεν λειτουργεί, εφευρίσκουν έναν λόγο γι' αυτό. Αυτό ονομάζεται εκλογίκευση παρατηρήσεων που μπορεί να είναι ή να μην είναι αληθινές. Συχνά, οι άνθρωποι συμβιβάζονται με μια απάντηση, ακόμη και αν αυτή δεν λύνει τίποτα.

Αυτό μου θυμίζει ένα περιστατικό με έναν παλιό φίλο. Όλα τα αγόρια της παρέας μας ενδιαφέρονταν γι' αυτήν και της έδιναν συνεχώς σημασία, ειδικά ένα αγόρι που πάντα με προσέβαλλε με κακά αστεία και την οδηγούσε στο σπίτι της. Στην πραγματικότητα, νόμιζα ότι ήταν ζευγάρι όταν τους πρωτογνώρισα, αλλά μόνο αργότερα συνειδητοποίησα ότι η μη λεκτική της επικοινωνία έδειχνε ότι δεν ήταν ζευγάρι και ότι δεν ενδιαφερόταν γι' αυτόν. Δεν είχε κανένα απολύτως μοχλό πίεσης, παρόλο που πραγματικά πίστευε ότι το να είναι δίπλα της και να την πηγαίνει βόλτα στην πόλη με το αυτοκίνητό του θα είχε ως αποτέλεσμα κάτι. Τότε άρχισε να δείχνει σημάδια ότι ενδιαφερόταν για μένα, ενώ όλοι οι υπόλοιποι στην ομάδα δεν μπορούσαν να δουν τι συνέβαινε. Τα πράγματα εξελίχθηκαν μεταξύ μας, αλλά όταν οι υπόλοιποι από την ομάδα μας είδαν μαζί, σοκαρίστηκαν και κάποιοι μάλιστα είπαν: «Πώς έγινε αυτό, αφού μόλις και μετά βίας μιλούσατε μεταξύ σας;». Βασικά, ερμήνευα τη μη λεκτική επικοινωνία, η οποία μου έδινε πολύ περισσότερες πληροφορίες από ό,τι έλεγαν ή έβλεπαν οι άνθρωποι.

Κεφάλαιο ΙΙ - Η ασήμαντη σημασία των όσων λένε οι άνθρωποι

Γενικά, αυτά που λένε οι άνθρωποι είναι ψέματα ή εντελώς άσχετα. Οι άνθρωποι μιλούν για να νιώσουν σημαντικοί, όχι επειδή έχουν κάτι να πουν. Είναι πιο πιθανό να εκφράζουν ανασφάλειες και ανάγκες με τον τρόπο που μιλούν παρά να λένε κάτι που αξίζει να απαντηθεί. Και ακόμη και αν απαντήσετε σε αυτά που λένε, συνήθως έχουν τέτοια εμμονή με τον εαυτό τους που δεν δίνουν σημασία σε αυτά που λέτε, εκτός αν μπορούν να τα χρησιμοποιήσουν για να φανούν πιο σημαντικοί στη συζήτηση. Στη συνέχεια έρχεται η κοροϊδία των άλλων. Αυτός είναι ένας παιδαριώδης τρόπος για τους ανασφαλείς ανθρώπους να αισθάνονται ότι επικυρώνονται σε μια ομάδα και συχνά έχει να κάνει περισσότερο με το πώς αισθάνονται παρά με το τι μπορούν να δουν.

Οι περισσότεροι άνθρωποι δεν μπορούν πραγματικά να δουν τίποτα, μπορούν μόνο να κάνουν υποθέσεις. Οι άνθρωποι δεν γνωρίζουν τίποτα, αλλά κάνουν πολλές υποθέσεις. Όλοι έχουν μια γνώμη για πράγματα για τα οποία δεν γνωρίζουν τίποτα. Προς έκπληξή μου, πολλοί άνθρωποι που δεν έχουν γράψει ποτέ στη ζωή τους βιβλίο, που δεν έχουν δουλέψει ποτέ σε εκδοτικό οίκο, θέλουν να μου δώσουν συμβουλές για το πώς να γράψουν βιβλία και προσβάλλονται όταν απορρίπτω αυτά που λένε ως απόλυτες ανοησίες. Νομίζουν ότι αυτό που πιστεύουν βάσει της κοινής γνώμης είναι πιο αληθινό από τη δική μου εμπειρία ζωής ή από τα χρήματα που βγάζω από αυτά που ξέρω.

Όποτε βγαίνετε από τη ζώνη άνεσής σας, αναπόφευκτα θα έρθετε αντιμέτωποι με ηλίθιους που θα υπερασπιστούν με μανία το δικαίωμά σας να μην το έχετε κάνει ποτέ. «Κάνεις λάθος γιατί όλοι εδώ συμφωνούν μαζί μου» είναι ίσως το πιο ηλίθιο πράγμα που έχω ακούσει ποτέ να λέει κάποιος. Κι όμως, ήταν πάνω από 70 ετών, αποδεικνύοντας ότι οι άνθρωποι μπορούν να είναι ηλίθιοι σε όλη τους τη ζωή και να μην μαθαίνουν ποτέ τίποτα που να δικαιολογεί την ύπαρξή τους σε αυτόν τον πλανήτη. Όταν βλέπεις τους ανθρώπους γι' αυτό που είναι και όχι γι' αυτά που λένε, βλέπεις πολύ περισσότερα πίσω από τις μάσκες τους και τότε σε μισούν πραγματικά. Γιατί να μην το κάνουν; Αναδεικνύεις τις ανασφάλειές τους. Αλλά η αλήθεια είναι ότι η ίδια η ύπαρξή τους αποτελεί προσβολή για όλους τους άλλους, επειδή δεν σημαίνουν τίποτα. Είναι απλώς ψεύτικα αντίγραφα αυτού που θαυμάζουν και θέλουν να μιμηθούν- δεν είναι αληθινοί άνθρωποι. Δεν έχουν δική τους ταυτότητα. Συχνά, δεν μπορούν καν να εξηγήσουν τα δικά τους συναισθήματα. Αυτό συμβαίνει επειδή τα περισσότερα συναισθήματά τους πυροδοτούνται από ασυνείδητες πεποιθήσεις και ανασφάλειες, όχι από λογικά γεγονότα στη ζωή τους που τα δικαιολογούν.

Το να βλέπω τους Ευρωπαίους να με κοιτούν με τρόμο καθώς πίνω έναν εσπρέσο είναι εξίσου δύσκολο με το να προσπαθώ να το εξηγήσω σε άλλους Ευρωπαίους που αρνούνται να με πιστέψουν. Είναι δύσκολο να μιλάς για τρελές συμπεριφορές σε έναν κόσμο που οι τρελοί θεωρούν φυσιολογικό. Όταν το δείχνεις, οι άνθρωποι δημιουργούν νέες ψευδαισθήσεις για να αρνηθούν αυτό που δείχνουν τα μάτια τους. Δεν μπορούν να δουν τίποτα με την περιορισμένη συνείδησή τους. Οι άνθρωποι είναι τόσο ηλίθιοι που μπορείς να επαναλαμβάνεις την ίδια πρόταση ξανά και ξανά και πάλι θα κάνουν αυτό που θέλουν, οπότε συχνά είναι απόλυτο χάσιμο χρόνου να προσπαθείς να εξηγήσεις κάτι σε κάποιον που είναι απλά πολύ ηλίθιος. Μπορώ να επαναλάβω δύο φορές ότι ο διπλανός μου δεν είναι «ταϊλανδός», αλλά αν ο συνομιλητής μου νομίζει ότι είναι, θα προσπαθήσει να του μιλήσει στα ταϊλανδέζικα για να επιβεβαιώσει τη γνώμη του. Το ίδιο συμβαίνει όταν Τούρκοι ή Σέρβοι επιμένουν να μου μιλούν στη μητρική τους γλώσσα, ακόμα και όταν τους λέω ότι δεν τους καταλαβαίνω. Πολλοί άνθρωποι σε αυτόν τον πλανήτη είναι πολύ ηλίθιοι. Γι' αυτό χρειαζόμαστε ρομπότ, όχι για να τους αντικαταστήσουμε, αλλά για να έχουμε κάποια στοιχειώδη κοινή λογική και νοημοσύνη σε έναν κόσμο όπου δεν υπάρχει και οι περισσότεροι άνθρωποι δεν είναι τίποτα περισσότερο από δυσλειτουργικά αυτόματα που επιμένουν σε ψευδή δεδομένα.

Οι άνθρωποι είναι άχρηστοι για τις πιο απλές δουλειές λόγω της βλακείας τους. Οι περισσότεροι είναι διανοητικά καθυστερημένοι και δεν έχουν κανένα δικαίωμα σε καμία δουλειά, ούτε καν στο σερβίρισμα του καφέ. Γιατί, όπως έχω δει πολλές φορές, δεν μπορούν να θυμηθούν ούτε μια απλή παραγγελία και, το χειρότερο, δεν παραδέχονται ότι έχουν κάνει λάθος. Σε χώρες όπως η Λιθουανία και η Βόρεια Μακεδονία, οι άνθρωποι είναι τόσο ηλίθιοι που μπορείς να πεις οτιδήποτε και θα αντιδράσουν διαφορετικά. Στη Λιθουανία, τα κέικ που παρήγγειλα συνήθως έβγαιναν με τρίχες στην κορυφή γιατί δεν τους ένοιαζε. Αναρωτιέμαι πόσο διανοητικά άρρωστος πρέπει να είναι κάποιος για να βάλει ένα κέικ με μαλλιά πάνω στο πιάτο και να το δώσει έτσι σε έναν πελάτη. Είναι απίστευτο. Οι Λιθουανοί είναι απίστευτα τρελοί. Αλλά είναι αδύνατο να πεις αυτά τα πράγματα σε ανθρώπους που ζουν στον δικό τους κόσμο, γιατί όχι μόνο δεν μπορούν να το δουν, αλλά το ερμηνεύουν ως επίθεση στη χώρα τους. Όταν λέω στους Κινέζους φοιτητές μου ότι η χώρα τους έχει απαίσιο αέρα, μου λένε ότι μόνο οι ξένοι υποφέρουν από αυτόν, λες και οι παραληρηματικοί κομμουνιστικοί εγκέφαλοί τους ήταν προσαρμοσμένοι στο να αναπνέουν τοξικά επίπεδα ρύπανσης και οι άνθρωποί τους δεν πεθαίνουν από καρκίνο. Είναι δύσκολο να καταλάβεις τους ηλίθιους όταν παλεύουν για το δικαίωμα να παραμείνουν ηλίθιοι.

Κεφάλαιο 12 – Πώς η αντίληψη διαμορφώνει τη ζωή μας

Αυτοί που δεν βλέπουν πολλά θα εκπλήσσονται πάντα με αυτά που μπορούν να επιτύχουν αυτοί που βλέπουν, επειδή δεν έχουν πραγματικά ιδέα για το πώς λειτουργεί η ζωή. Οι περισσότεροι άνθρωποι είναι τόσο απίστευτα ηλίθιοι που δημιουργούν συνεχώς το δικό τους κάρμα σε καθημερινή βάση και δεν μπορούν να το δουν. Μπορούν να δουν μόνο τις αντιδράσεις στη συμπεριφορά τους, ποτέ όμως τι κάνουν λάθος, επειδή είναι ανίκανοι να νιώσουν ενσυναίσθηση ή να δουν τα πράγματα από διαφορετικές οπτικές γωνίες. Οι Πολωνοί είναι ένα τέλειο παράδειγμα αυτής της νοοτροπίας. Δεν έχω ξαναδεί ανθρώπους τόσο αγενείς και ηλίθιους όσο οι Πολωνοί.

Από την άλλη πλευρά, η ζωή σου πρέπει να είναι ενοχλητική και προσβλητική για τους άλλους, αν θέλεις να την έχεις. Εκείνοι που σπάνε τις προκαταλήψεις κάνουν πάντα εχθρούς, πρώτα μεταξύ των ανθρώπων που γνωρίζουν και μετά μεταξύ των αγνώστων. Και αν δεν καταφέρετε να δημιουργήσετε χάος στην πραγματικότητά σας, θα καταλήξετε να συμμορφώνεστε με τις προσδοκίες των άλλων. Ο φόβος για το τι σκέφτονται οι άλλοι είναι η πιο γρήγορη συντόμευση για να μην γίνετε ποτέ κάποιος άξιος προσοχής και να μην πραγματοποιήσετε ποτέ τα όνειρά σας. Η ευθυγράμμιση του εαυτού σας με τις προσδοκίες των άλλων είναι το τελευταίο πράγμα που πρέπει να θέλετε, γιατί θα σας κάνει πάντα δυστυχισμένους. Μπορείτε να κάνετε περισσότερα για τον εαυτό σας δημιουργώντας διαφωνίες. Στην πραγματικότητα, δεν θα έχετε ποτέ διαφωνίες με εκείνους που δεν είναι αποφασισμένοι να σας σταματήσουν, επειδή οι ίδιοι ευθυγραμμίζονται με τις ανάγκες σας και δεν αποφεύγουν τις ευθύνες τους.

Όταν δεν υπάρχουν διαφωνίες, οι άνθρωποι εκλογικεύουν αυτά που παρατηρούν για να δώσουν νόημα στη ζωή τους, και τότε είναι που συλλαμβάνουν ότι πρέπει να έχετε κάποιο κόλπο για να έχετε τα αποτελέσματα που δεν μπορούν να έχουν αυτοί, ή ότι μπορείτε με κάποιο τρόπο να χειραγωγήσετε τους άλλους για να κάνουν αυτό που θέλετε. Οτιδήποτε βρίσκεται έξω από τη ζώνη άνεσής σας είναι πάντα ένα μεγάλο μαγικό μυστήριο ή, στην καλύτερη περίπτωση, μια απάτη. Οι περισσότεροι άνθρωποι αποτυγχάνουν να δουν πώς το όραμά τους για τους άλλους αντανακλάται σε αποτελέσματα στη δική τους ζωή.

Το πείσμα των ανθρώπων ισχύει και για το κυνήγι εργασίας. Όπως έχω δει πολλές φορές, οι άνθρωποι αρνούνται να πιστέψουν οτιδήποτε με το οποίο οι άλλοι διαφωνούν, ακόμη και αν αυτό μπορεί να θέσει σε κίνδυνο το δικό τους μέλλον. Όταν προσπάθησα να εξηγήσω στους μαθητές μου πώς πρέπει να συμπεριφέρονται για να βρουν δουλειά, αγνόησαν όσα τους είπα. Προσπάθησα μάλιστα να τους πω ότι είχα διευθύνει πολλές εταιρείες πριν εργαστώ ως καθηγητής πανεπιστημίου, αλλά μάλλον νόμιζαν ότι έλεγα ψέματα. Οι άλλοι καθηγητές τους δεν είχαν καμία εμπειρία σε οτιδήποτε μπορούμε να φανταστούμε, δεν είχαν καν εμπειρία στη διδασκαλία. Όταν λοιπόν μιλάμε για διορατικότητα, προφανώς μιλάμε και για αποτελεσματικότητα και πραγματισμό. Αν οι άνθρωποι δεν βλέπουν το προφανές, δεν είναι απλώς ηλίθιοι, αλλά ανίκανοι να επιβιώσουν. Αν οι άνθρωποι δεν αντιλαμβάνονται ότι μια συμβουλή θα αυξήσει τις πιθανότητες επιβίωσής τους, με μια καλύτερη δουλειά και ένα καλύτερο εισόδημα, απλά δεν είναι αρκετά έξυπνοι για να επιβιώσουν. Και δυστυχώς, επειδή το σύστημα έχει σχεδιαστεί για να κάνει τους ανθρώπους να αισθάνονται ότι είναι μέρος μιας δομής που ελέγχεται από άλλους, οδηγεί επίσης σε αυτή την καθυστέρηση. Αυτός είναι ο λόγος για τον οποίο το χάος είναι απαραίτητο για να λάβει χώρα η εξέλιξη, ακόμη και αν αυτό επιβάλλεται από οικονομικές καταρρεύσεις και πολέμους.

Ένα άλλο πρόβλημα με τους διανοητικά καθυστερημένους ανθρώπους είναι ότι, επειδή δεν μπορούν να δουν τη διαφορά μεταξύ μιας πεποίθησης και ενός γεγονότος, επιμένουν στις πεποιθήσεις τους για να προστατεύσουν την αυτοεκτίμησή τους, επειδή θεωρούν ότι είναι πιο σημαντική από την επιβίωσή τους. Αυτό είναι μια άλλη συνέπεια της νοοτροπίας των προβάτων που δημιουργεί ένα ιεραρχικό σύστημα.

Για ένα διάστημα πίστευα ότι ο τρόπος που σκέφτονται οι άνθρωποι ή οι λόγοι τους θα μπορούσαν να έχουν διαφορετικές αιτίες ανάλογα με το πολιτισμικό τους υπόβαθρο, αλλά στη συνέχεια κατέληξα στο συμπέρασμα ότι βασίζονται στις ίδιες αρχές. Στην πραγματικότητα, στο κάτω μέρος της εξελικτικής κλίμακας, οι άνθρωποι σκέφτονται με τον ίδιο τρόπο. Η διαφοροποίηση έρχεται αργότερα, όταν μαθαίνουν να σκέφτονται ανεξάρτητα. Μέχρι τότε, οι άνθρωποι παίρνουν συναισθηματικές αποφάσεις, όχι ορθολογικές. Επομένως, αν ικανοποιείτε τις συναισθηματικές τους ανάγκες, είναι πιο πιθανό να δεχτούν αυτά που λέτε. Όσο πιο παιδαριώδεις είναι, τόσο πιο πιθανό είναι να δεχτούν οποιαδήποτε συμβουλή που βασίζεται σε συναισθηματικές προσκολλήσεις.

Το αποτέλεσμα μιας καθυστερημένης κοινωνίας, λοιπόν, είναι μια δυσλειτουργική κοινωνία, επειδή σε ένα τέτοιο περιβάλλον οι άνθρωποι φέρονται άσχημα στους πελάτες, παραπονιούνται για άσχετα πράγματα και εργάζονται όσο το δυνατόν λιγότερο. Όταν ψηφίζουν ή παίρνουν οποιαδήποτε σημαντική απόφαση, ψηφίζουν αυτούς που τους υπόσχονται τη μεγαλύτερη ευτυχία, ακόμη και αν αυτά που λένε αυτοί οι ηγέτες είναι εντελώς παράλογα και ακόμη και επικίνδυνα.

Κεφάλαιο 13 - Λήψη αποφάσεων και η ψευδαίσθηση της λογικής

Οι σημαντικές αποφάσεις που σχετίζονται με την ψηφοφορία για το ποιος πρέπει να είναι στην εξουσία, όπως ακριβώς και οι αποφάσεις που λαμβάνονται σε συνεντεύξεις για δουλειά, υποκινούνται από την ανάγκη ικανοποίησης συναισθηματικών αναγκών. Προσπάθησα να το εξηγήσω αυτό στους φοιτητές μου, αλλά είχαν υπερβολική εμμονή με τις δικές τους συναισθηματικές προσκολλήσεις για να αναγνωρίσουν πότε κάποιος προσπαθούσε να τους βοηθήσει. Αργότερα, βρέθηκαν σε δουλειές που μισούσαν, ενώ μου έλεγαν ότι θα ήθελαν να είχαν τη δική μου ζωή. Αυτός ο κύκλος επαναλαμβάνεται παντού και για πολλές γενιές. Αυτός είναι ο λόγος για τον οποίο πίστευα ότι η διδασκαλία ήταν απόλυτο χάσιμο χρόνου. Οι άνθρωποι είναι πολύ ηλίθιοι για να διδαχθούν.

Αν και αρχικά πίστευα ότι οι φοιτητές πανεπιστημίου θα ήταν πιο ανεξάρτητοι και ικανοί, συμβαίνει το αντίθετο: είναι οι χειρότεροι, επειδή είναι ήδη πλήρως κατηχημένοι από τους τρόπους της κοινωνίας. Είναι απόλυτα προσαρμοσμένοι σε έναν κόσμο που δεν υπάρχει, οπότε δεν αποτελεί έκπληξη το γεγονός ότι τόσοι πολλοί φοιτητές πανεπιστημίου καταλήγουν άνεργοι.

Ένα από τα πιο χαμένα μαθήματα που έδωσα ποτέ ήταν στη Λιθουανία. Πρόσφερα σε μια τάξη φοιτητών όλα όσα ήξερα για την επιτυχία στη ζωή, αρχές που είχα μάθει σε όλη μου τη ζωή, και εκείνοι απλώς τα αγνόησαν. Πολλοί από αυτούς ήταν μάλλον πολύ επικεντρωμένοι στην εμφάνιση και το χρώμα του δέρματός μου για να ενδιαφερθούν, καθώς έμοιαζαν πολύ ρατσιστές και ηλίθιοι για να ακούσουν ούτε λέξη από όσα εξηγούσα. Όπως και αυτοί, οι περισσότεροι άνθρωποι σε αυτόν τον πλανήτη είναι εντελώς άχρηστοι. Τα μάτια τους δεν βλέπουν τίποτα και τα αυτιά τους δεν ακούν τίποτα. Η μόνη αχτίδα ελπίδας για την ανθρωπότητα βρίσκεται στα παιδιά, αλλά αν οι γονείς τους τα εμποδίζουν να μάθουν πιο αποτελεσματικά και τα αποκαλούν ηλίθια επειδή κάνουν τις σωστές ερωτήσεις, όλες οι προσπάθειές τους θα αποδειχθούν μάταιες.

Επιπλέον, οι γονείς συχνά αποδοκιμάζουν τους δασκάλους που προσπαθούν να εκπαιδεύσουν τα παιδιά τους πιο αποτελεσματικά, επειδή διαφωνούν με τις μεθόδους τους. Με τον τρόπο αυτό, οι γονείς αυτοί θέτουν σε κίνδυνο το μέλλον των ίδιων των παιδιών τους αναπαράγοντας ένα ήδη δυσλειτουργικό σύστημα. Αντί να κάνουν τα παιδιά τους καλύτερους ενήλικες, τα κάνουν εξίσου άχρηστα με τους ίδιους.

Τα συναισθήματά μας έχουν λόγο ύπαρξης, αλλά δεν είναι η πιο σημαντική πτυχή της αποτελεσματικής λήψης αποφάσεων. Συχνά χρησιμοποιούμε τα συναισθήματά μας ούτως ή άλλως, καθοδηγούμενοι από το φόβο και το τραύμα. Ωστόσο, επειδή οι άνθρωποι καθοδηγούνται κατά βάση από τα συναισθήματά τους και βασίζονται στις παράλογες πτυχές του μυαλού τους, δηλαδή σε εμπειρίες που έχουν ξεχάσει αλλά που εξακολουθούν να επηρεάζουν τη νοητική τους διαδικασία και την ικανότητά τους να λαμβάνουν σύμφωνες και λογικές αποφάσεις, φιλτράρουν ολόκληρη την πραγματικότητά τους με βάση αυτές τις παράλογες πτυχές. Πολλές από τις πεποιθήσεις που έχουν οι άνθρωποι δεν έχουν κανένα απολύτως νόημα, αλλά δεν μπορούν να το δουν, ακόμη και όταν τους το δείχνουμε, και αυτό είναι που σημαίνει να είσαι ασυνείδητος.

Η κατάσταση αυτή μπορεί να παρατηρηθεί σε διάφορες πτυχές της κοινωνίας, όπως η πολιτική, η εκπαίδευση και η θρησκεία. Για παράδειγμα: «Το κάνω με αυτόν τον τρόπο επειδή όλοι συμφωνούν ότι έτσι πρέπει να γίνεται». Και ενώ δεν μπορούμε να αγνοήσουμε το γεγονός ότι ο τρόπος με τον οποίο αντιδρούμε συναισθηματικά επηρεάζει τον τρόπο με τον οποίο γινόμαστε αντιληπτοί, δηλαδή ότι πρέπει να δημιουργήσουμε ενσυναισθητική επικοινωνία για να γίνουμε κατανοητοί, είναι δύσκολο να ενσυναισθανθούμε τους ηλίθιους ανάμεσά μας. Δεν έχουν επίγνωση της δικής τους έλλειψης επίγνωσης, αλλά επιμένουν ότι το πρόβλημα είστε εσείς, όχι αυτοί.

Ένα παράδειγμα αυτού ήταν μια κατάσταση στην Ελλάδα, όπου κάποιος έκανε συνεχώς λάθη με το ακτοπλοϊκό μου εισιτήριο και εξακολουθούσε να μου λέει ότι εγώ ήμουν το πρόβλημα, παρόλο που τα μηνύματα έδειχναν ξεκάθαρα ότι δεν είχε διαβάσει τίποτα σωστά. Έχω δει το ίδιο πράγμα σε πολλές άλλες χώρες, όπου οι άνθρωποι υποθέτουν πολλά για αυτά που διαβάζουν, αλλά δεν μπορούν καν να καταλάβουν αυτά που διαβάζουν. Τόσο μακριά βρίσκονται από την πραγματικότητα. Δεν μπορούν να αντιμετωπίσουν τις λέξεις και κάνουν υποθέσεις για όσα δεν είναι γραμμένα.

Όλοι ξέρουμε ανθρώπους που υποθέτουν πράγματα που δεν έχουμε πει ποτέ, γιατί έτσι ο εγκέφαλός τους κατασκευάζει μια πραγματικότητα, σαν οι άλλοι να μην είναι τίποτα περισσότερο από αντικείμενα σε αυτή τη νοητική ταινία. Όσο πιο χαμηλά βρίσκεται κάποιος στο φάσμα της συνείδησης, τόσο πιο πιθανό είναι να κάνει υποθέσεις. Αυτός είναι ο λόγος για τον οποίο οι ψυχικά ασθενείς αντιλαμβάνονται πάντα απειλές εκεί που δεν υπάρχουν, όπως όταν οι Βρετανίδες αρπάζουν τα πορτοφόλια τους όταν βρίσκομαι κοντά τους ή τρέχουν μακριά μου όταν περπατάω, σαν να είμαι απειλή για την ύπαρξή τους. Πολλοί άνθρωποι έχουν ψυχικά προβλήματα που ξεπερνούν κάθε λογική κατανόηση.

Για τους λόγους αυτούς, όταν μιλάμε για ενσυναισθητική επικοινωνία και για συναίσθημα ενσυναίσθησης για ένα άλλο άτομο, θα πρέπει να γνωρίζουμε ότι αυτές οι συμπεριφορές δεν πρέπει να εφαρμόζονται εξίσου σε όλα τα σενάρια. Ο μέσος ψυχικά ασθενής θα δει αυτές τις ιδιότητες ως απειλές, ενώ ένας ψυχοπαθής θα τις δει ως αδυναμίες που πρέπει να εκμεταλλευτεί. Όπως γνωρίζει ο ψυχοπαθής, όλοι έχουν συναισθηματικά κουμπιά που μπορούν να πιεστούν, και αν ένα άτομο έχει μεγαλύτερη ενσυναίσθηση, γνωρίζει ότι είναι πιο πιθανό να συμφωνήσει με αυτό που λέγεται, συμπεριλαμβανομένου ενός ψέματος. Οι πολιτικοί το κάνουν αυτό συνεχώς για να πάρουν ψήφους. Αν κάνετε το ίδιο πράγμα σε μια συνέντευξη για δουλειά, θα πάρετε τη δουλειά, ακόμα κι αν δεν έχετε τα προσόντα γι' αυτήν, γι' αυτό και οι ψυχοπαθείς δεν έχουν κανένα πρόβλημα να πάρουν δουλειά και συχνά βρίσκονται σε διευθυντικές θέσεις. Το τμήμα ανθρώπινου δυναμικού, ειδικότερα, είναι συχνά γεμάτο ψυχοπαθείς. Από εκεί ξεκινούν τα προβλήματα μιας εταιρείας με τους υπαλλήλους της.

Κεφάλαιο 14 – Δουλεύοντας για έναν καλύτερο κόσμο

Αν είστε πολύ ορθολογικός άνθρωπος, θα έρθετε σε αντίθεση με έναν κόσμο που αρνείται να σκεφτεί και θα πει ότι σκέφτεστε υπερβολικά. Οι συναισθηματικοί άνθρωποι δεν νοιάζονται για τη λογική, επειδή οδηγούνται από το συναίσθημα: την ανάγκη για ευχαρίστηση και την αποφυγή του πόνου ή την ανάγκη για άνεση και την αποφυγή της δυσφορίας. Μπορεί να σας μισήσουν μόνο και μόνο επειδή το χρώμα του δέρματός σας τους κάνει να νιώθουν άβολα, όπως μου έχει συμβεί σε όλη την Ευρώπη. Επιπλέον, αν δεν χαμογελάτε στους ανθρώπους, δεν προσπαθείτε να τους συμπάσχετε ή δεν ανταποκρίνεστε σε ορισμένα κοινωνικά κουμπιά, οι άνθρωποι απλώς θα σας μισήσουν, ακόμη και αν δεν έχετε κάνει τίποτα που να δικαιολογεί αυτή τη συμπεριφορά. Αν δεν με πιστεύετε, δοκιμάστε να κυκλοφορήσετε στην κοινωνία μιλώντας κανονικά, αλλά χωρίς ποτέ να συμπάσχετε με κανέναν, χωρίς ποτέ να χαμογελάτε, χωρίς ποτέ να μιλάτε για κοινά ενδιαφέροντα, και θα δείτε.

Αυτό μας δείχνει ότι οι άνθρωποι βρίσκονται ακόμα σε μεγάλο βαθμό στην ζωώδη κατάσταση, όχι στην ανθρώπινη κατάσταση της εξελικτικής πορείας. Δεν χρησιμοποιούν τον ορθολογισμό, εκτός από την αφομοίωση των απειλών στο περιβάλλον τους, τις οποίες αντιλαμβάνονται σε μεγάλο βαθμό μέσω των ψευδαισθητικών αισθήσεών τους. Η ιδέα ότι πρέπει να δείχνουμε συναίσθημα για να ενσυναισθηθούμε δεν είναι ένδειξη εξέλιξης, αλλά το αντίθετο: μια απόδειξη της έλλειψης επαρκώς ανεπτυγμένων διανοητικών ιδιοτήτων. Το να αποδεικνύουμε ότι δεν αποτελούμε απειλή για όσους μας βλέπουν ως τέτοιους δεν έχει καμία σχέση με την ευγένεια, αλλά έχει να κάνει με το να υποκύπτουμε στην πίεση ενός ψυχικά άρρωστου ατόμου. Αυτό είναι πολύ προφανές όταν κάποιος ισχυρίζεται ότι υποφέρω από ρατσισμό λόγω του χρώματος των ρούχων μου. Είναι γελοίο να δικαιολογούμε τη συμπεριφορά ενός ψυχικά άρρωστου ατόμου και να του επιτρέπουμε να θεωρείται φυσιολογικό. Η ανάγκη των ανθρώπων να βλέπουν τα πράγματα ως φυσιολογικά, ενώ δεν είναι, διαιωνίζει την ανωμαλία του κόσμου.

Ο λόγος για τον οποίο οι επιστήμονες χαρακτηρίζουν αυτά τα πράγματα ως φυσιολογική ανθρώπινη συμπεριφορά είναι τόσο σχετικός όσο και η συσχέτιση της φυσιολογικής ανθρώπινης συμπεριφοράς με τη συμπεριφορά των αρουραίων, την οποία αναλύουν συστηματικά προκειμένου να κατανοήσουν τους ανθρώπους. Ωστόσο, η επιστήμη, και ειδικότερα η ψυχολογία, ασχολείται μόνο με θεωρίες που αναπτύσσονται από τα παρατηρήσιμα, επειδή εκεί είναι τα λεφτά, και οι επιστήμονες εργάζονται για τα λεφτά, όχι δωρεάν. Έτσι, η μελέτη των βαθύτερων νοημάτων είναι άσχετη μαζί τους και παραπέμπεται στον τομέα της φιλοσοφίας ή της θρησκείας. Εξισώνουν ό,τι δεν μπορούν να μετρήσουν όχι με τη δική τους άγνοια, αλλά με τη σφαίρα των πολιτισμικών πεποιθήσεων.

Η επιστήμη, ωστόσο, είναι απλώς ένας από τους πολλούς τρόπους με τους οποίους οι άνθρωποι εφαρμόζουν τις δικές τους πεποιθήσεις, γι' αυτό και η εξέλιξη φαίνεται τόσο αργή και δύσκολη, ειδικά για όσους βρίσκονται στην πρώτη γραμμή και προσπαθούν να ωθήσουν όλους τους άλλους προς έναν καλύτερο κόσμο. Δεν υπάρχει ενδιαφέρον για έναν καλύτερο κόσμο επειδή δεν υπάρχει καν η πεποίθηση ότι είναι εφικτός, ούτε μια συνεπής προσπάθεια να γίνει αυτή η δυνατότητα σχετική. Οι άνθρωποι είναι πολύ απασχολημένοι με τις ασήμαντες ζωές τους και την ανάγκη τους για φήμη και επιβεβαίωση για να ανησυχούν για έναν κόσμο που μπορεί να μην δουν ποτέ να βελτιώνεται. Ένας κόσμος στον οποίο οι προσπάθειες για αλλαγή συναντούν την αντίσταση των ανθρώπων που μπορούν να επωφεληθούν από αυτές τις αλλαγές, για να μην αναφέρουμε εκείνους που θα υποφέρουν από αυτές. Δεν έχει σημασία πόσο καινοτόμος και δημιουργικός είσαι, πόσο σκληρά εργάζεσαι, γιατί ο υπόλοιπος κόσμος θα προσπαθεί πάντα να σε σταματήσει, να σε επιβραδύνει, να σε απωθήσει ή κυριολεκτικά να σε σκοτώσει αν τους πιέσεις όλους πολύ και νιώσουν ότι απειλούνται. Αυτός είναι ο λόγος για τον οποίο τόσοι πολλοί ολιστικοί γιατροί, με εξαιρετικά προσοδοφόρες θεραπείες για ασθένειες, καταλήγουν να πεθαίνουν σε προφανείς αυτοκτονίες.

Πολλές σημαντικές προσωπικότητες στην ιστορία μας έχουν επίσης δολοφονηθεί επειδή ήταν πολύ απαιτητικές. Τους αποκαλούσαν άπληστους, κυνικούς, πολύ αμφιλεγόμενους. Αυτές είναι λέξεις που χρησιμοποιεί η κοινωνία όταν νιώθει ενοχλημένη από ανθρώπους που σκέφτονται υπερβολικά. Στην πραγματικότητα, όταν ξέρεις πολύ περισσότερα από οποιονδήποτε άλλον, περισσότερα από όλους τους ηλίθιους που δεν ξέρουν τίποτα και είναι γεμάτοι αέρα, σου λένε να σκέφτεσαι λιγότερο, να επιβραδύνεις, να χαλαρώνεις περισσότερο. Αυτό μου λένε συνέχεια οι άνθρωποι, όχι επειδή σκέφτομαι πολύ, αλλά επειδή είναι πολύ ηλίθιοι, δεν σκέφτονται και δεν καταλαβαίνουν τι λέω. Το γεγονός ότι σκέφτομαι περισσότερο από αυτούς τους ενοχλεί. Και το γεγονός ότι διαβάζω πολύ περισσότερο απ' ό,τι αυτοί, τους εκνευρίζει, γιατί αποκαλύπτει την άγνοιά τους. Ωστόσο, κανείς δεν μου έχει πει ποτέ ότι δεν καταλαβαίνει τι λέω. Αυτό που λένε συνήθως είναι ότι υπάρχουν πάρα πολλές πληροφορίες για να καταλάβουν ή ότι πρέπει να διαβάζουν πολύ όταν γράφω.

Πολλοί από αυτούς τους ανθρώπους αναζητούν συντομεύσεις, απαντήσεις σε πολύπλοκα ερωτήματα που δεν απαιτούν πολλή μελέτη και αφομοίωση ή, στην καλύτερη περίπτωση, απαντήσεις που ταιριάζουν στις δικές τους προσδοκίες. Με άλλα λόγια, μεταφέρουν το πρόβλημα από τον εαυτό τους σε άλλους ανθρώπους, σαν να μην ήταν αυτοί που ήταν πολύ ηλίθιοι για να λύσουν τα δικά τους προβλήματα, αλλά εγώ, επειδή δεν είχα απλούστερες απαντήσεις ή απαντήσεις που να ταιριάζουν στις προσδοκίες τους.

Κεφάλαιο 15 - Αντίσταση στην αλλαγή και την εξέλιξη

Οι άνθρωποι έχουν έναν εγκεφαλικό προγραμματισμό που τους εμποδίζει να αλλάξουν: μια νοοτροπία πρωτευόντων που ακολουθούν το γνωστό αντί να εξελίσσονται. Η αλήθεια είναι ότι μπορείτε να κρίνετε έναν άνθρωπο από το περιβάλλον στο οποίο ζει, επειδή προσαρμόζεται γρήγορα σε αυτό. Στην πραγματικότητα, μια έρευνα της Αμερικανικής Ταξιδιωτικής Ένωσης αποκάλυψε ότι περίπου το 40% των Αμερικανών δεν έχει ταξιδέψει ποτέ στο εξωτερικό. Στον Καναδά, μια έρευνα της Ipsos Reid αποκάλυψε το ίδιο ποσοστό: περίπου το 40% των Καναδών δεν έχει κάνει ποτέ διεθνές ταξίδι. Σύμφωνα με έρευνα του Foreign & Commonwealth Office, περίπου το 35% των Βρετανών ενηλίκων δεν έχουν ταξιδέψει ποτέ στο εξωτερικό. Επιπλέον, εκτιμάται ότι περίπου το 50% των ανθρώπων στο Ηνωμένο Βασίλειο ζουν σε απόσταση μικρότερη των 32 χιλιομέτρων από τον τόπο γέννησής τους. Αν αυτά είναι τα στοιχεία για μερικά από τα πλουσιότερα έθνη, μπορούμε εύκολα να εκτιμήσουμε ότι η πλειοψηφία του παγκόσμιου πληθυσμού δεν γνωρίζει απολύτως τίποτα για τον πλανήτη στον οποίο ζει.

Σύμφωνα με τον Παγκόσμιο Οργανισμό Τουρισμού των Ηνωμένων Εθνών (UNWTO), το 2018 σημειώθηκαν περίπου 1,4 δισεκατομμύρια διεθνείς τουριστικές αφίξεις παγκοσμίως. Ωστόσο, ο αριθμός αυτός αντιπροσωπεύει μόνο ένα κλάσμα του παγκόσμιου πληθυσμού, γεγονός που δείχνει ότι ένα σημαντικό ποσοστό των ανθρώπων δεν έχει ταξιδέψει ποτέ στο εξωτερικό. Οι περισσότεροι άνθρωποι εξακολουθούν να ζουν σαν μεσαιωνικοί αγρότες. Δεν γνωρίζουν σχεδόν τίποτα, εκτός από αυτά που τους επιτρέπεται να γνωρίζουν. Ωστόσο, πολλοί δεν διαβάζουν, δεν μορφώνονται και γελοιοποιούν όσους το κάνουν. Αυτό δεν έχει κανένα νόημα. Είναι σαν να γελοιοποιούνται επειδή έχουν εξελιχθεί από ένα μάτσο πιθήκους που αποφάσισαν να ζουν στο ίδιο δέντρο και να τρώνε μπανάνες για πάντα.

Η αλήθεια είναι ότι όσο πιο χαζός είναι ένας άνθρωπος, τόσο περισσότερο περιμένει μια απάντηση να είναι απλή, επειδή περιμένει ο δικός του κόσμος να είναι απλούστερος. Δεν θέλουν την ταλαιπωρία, δεν θέλουν την αλλαγή και θα παλέψουν για το δικαίωμα να μην αλλάξουν. Οι πόλεμοι έχουν να κάνουν με το να μη θέλουν να αλλάξουν- αλλιώς, θα ήξερες ότι μπορείς απλά να τα μαζέψεις, να μετακομίσεις κάπου αλλού και να ξεκινήσεις από την αρχή. Στην πραγματικότητα, είναι γελοίο να λείπει μια χώρα που δεν είχε τίποτα να προσφέρει πριν ξεκινήσει ο πόλεμος και που ούτως ή άλλως δεν θα πήγαινε πουθενά. Αν είσαι επιχειρηματίας, συγγραφέας, ζωγράφος ή ακόμα και μουσικός, πρέπει να θέλεις να αλλάξεις το περιβάλλον σου αν θέλεις να βελτιωθείς, γιατί είναι κυριολεκτικά αδύνατο να είσαι σημαντικός ως άτομο όσο περιορίζεσαι στο φάσμα της ορατής πραγματικότητας γύρω σου. Όλοι οι μεγάλοι στοχαστές εκτιμούσαν την πολυπλοκότητα, η οποία προέρχεται από την εξερεύνηση όσων δεν γνωρίζουμε.

Ένα από τα πιο συνηθισμένα λάθη που κάνουν οι άνθρωποι είναι ότι αφομοιώνουν όλα όσα θέλουν με αυτά που χρειάζονται και έτσι, μέσα στην αλαζονεία τους, πιστεύουν ότι ο πλούτος πρέπει να αντιστοιχεί στην αγορά ενός μεγάλου σπιτιού εκεί που γεννήθηκαν, στο να έχουν ένα γραφείο για να το δείχνουν σε άλλους ανθρώπους και να πηγαίνουν σε μέρη που οι άλλοι θεωρούν σημάδια κοινωνικής επικύρωσης. Κάποτε συνάντησα μια γυναίκα που μου είπε ότι ήθελε να επισκεφθεί τις Μαλδίβες, αλλά ζούσε στη μέση της Ευρώπης, μια διαδρομή με λεωφορείο και λίγες ώρες μακριά από διάφορες χώρες, και δεν είχε πάει ποτέ σε καμία από αυτές. Και γιατί να επισκεφθεί τις Μαλδίβες και όχι τις γύρω χώρες; Κοινωνική επικύρωση! Ο ίδιος λόγος για τον οποίο οι άνθρωποι θέλουν να γράψουν ένα βιβλίο για ανοησίες.

Το ενδιαφέρον είναι ότι επειδή οι άνθρωποι τείνουν να υπεραπλουστεύουν τις υποθέσεις τους με βάση τις πεποιθήσεις τους, δεν μπορούν να δουν τις απλούστερες απαντήσεις μπροστά τους, είτε πρόκειται για ένα βιβλίο που δεν θα διαβάσουν ποτέ ή δεν θα σκεφτούν να διαβάσουν, είτε για έναν συγγραφέα που αρνούνται να ακούσουν επειδή δεν τους αρέσουν αυτά που λέει και τους κάνουν να αισθάνονται άβολα. Αλλά, όπως λέω πάντα σε όσους έχουν μεγάλα όνειρα, όλα γίνονται βήμα προς βήμα. Δεν είναι δυνατόν να συγκρίνω τα αποτελέσματά μου ως συγγραφέας με εκείνα ενός συνηθισμένου ανθρώπου, γιατί πέρασα μια ολόκληρη ζωή προετοιμάζοντας το, ακόμη και χωρίς να γνωρίζω ότι αυτή θα ήταν η καριέρα μου. Ωστόσο, οι άνθρωποι που δεν έχουν καμία σημαντική εμπειρία ζωής, παρά μόνο έναν μεγάλο εγωισμό να σκεφτούν, μπορούν να συγκρίνουν τον εαυτό τους με κάποιον που έχει εργαστεί όλη του τη ζωή ως καθηγητής πανεπιστημίου, σύμβουλος επιχειρήσεων και παιδαγωγικός εμπειρογνώμονας. Πώς βγάζει νόημα αυτό;

Οι άνθρωποι είναι τόσο παραπλανημένοι και αλαζόνες που νομίζουν ότι υπάρχει μια σύντομη διαδρομή για να αποκτήσουν τόση τεχνική, γνώση και εμπειρία ζωής. Και πώς είναι δυνατόν να αποστάξουν χιλιάδες βιβλία σε μια πεντάλεπτη συζήτηση; Οι άνθρωποι πιστεύουν ότι είναι δυνατό, γι' αυτό επιμένουν σε αυτό και μετά λένε ότι μιλάω πολύ όταν απαντώ. Γιατί να μιλάω πάρα πολύ, εκτός αν δεν με ενδιέφερε να τους δώσω τις απαντήσεις που δεν ήθελαν να ακούσουν με βάση τον τρόπο που ενεργούσα;

Η στάση ενός ατόμου λέει τα πάντα γι' αυτόν, και οι περισσότεροι άνθρωποι απλώς δεν έχουν τη στάση κάποιου που είναι αφοσιωμένος στους στόχους του. Η στάση μας είναι μια αντανάκλαση των σκέψεών μας, οι οποίες ελέγχουν τις αποφάσεις και τις πράξεις μας. Η συνέπεια αυτών των σκέψεων και των αποτελεσμάτων καθορίζει τα οικονομικά αποτελέσματα ενός ατόμου, ακόμη και την υγεία του. Αν δεν σας αρέσουν τα φρούτα και τα λαχανικά, πιθανότατα θα πάθετε τερηδόνα, καρκίνο και νόσο Αλτσχάιμερ.

Κεφάλαιο 16 – Η εσφαλμένη ευθυγράμμιση των προσδοκιών

Το χρήμα είναι ένα μέσο συναλλαγής και, ως τέτοιο, πηγαίνει εκεί όπου η ροή είναι μεγαλύτερη. Αυτή η ροή καθορίζεται από την προσοχή και την κοινωνική αξία, γι' αυτό και το χαρτί υγείας πουλάει περισσότερο από τα βιβλία. Ωστόσο, θα ήταν παράλογο να πούμε ότι το χαρτί τουαλέτας είναι πιο σημαντικό από τα βιβλία. Αυτός είναι ο λόγος για τον οποίο η λογική και η δημοτικότητα δεν συμπίπτουν πάντα με την πραγματική αξία και η αξία δεν αντικατοπτρίζει πάντα τους οικονομικούς στόχους. Είναι πιο πιθανό να πλουτίσετε λύνοντας προβλήματα που οι άνθρωποι θέλουν να λύσουν παρά γράφοντας βιβλία που κανείς δεν θέλει να διαβάσει, ακόμη και αν τα βιβλία αυτά παρέχουν τις απαντήσεις που χρειάζονται οι άνθρωποι.

Αυτός είναι ο λόγος για τον οποίο ο πλούτος δεν συσχετίζεται με την πνευματική διαφώτιση. Όταν κάποιος με ρωτάει πόσα χρήματα βγάζω πουλώντας πνευματικά βιβλία, ξεκινάει από λάθος οπτική γωνία και μου δείχνει πόσο αδαής είναι σχετικά με την πραγματικότητα, το χρήμα και την πνευματικότητα. Στην πραγματικότητα, δεν θα προσεγγίσετε πολλούς ανθρώπους με πνευματικά θέματα, εκτός αν είναι προδιαγεγραμμένοι να τα μάθουν, πράγμα που σημαίνει ότι έχουν ήδη φτάσει σε ένα ορισμένο επίπεδο συνειδητότητας που τους καθιστά έτοιμους για αυτά τα θέματα. Έτσι, η ιδέα ότι όταν ο μαθητής είναι έτοιμος, θα εμφανιστεί ο δάσκαλος ισχύει τόσο για τα βιβλία όσο και για τη θεραπεία, διότι όσοι αναζητούν έναν θεραπευτή έχουν την αξιοπρέπεια να αναγνωρίσουν ότι έχουν προβλήματα να λύσουν, ενώ όσοι είναι πολύ τρελοί για να έχουν αυτογνωσία δεν θα το κάνουν ποτέ. Ακριβώς όπως αυτοί που δεν διαβάζουν είναι αυτοί που χρειάζονται περισσότερο το διάβασμα, έτσι και αυτοί που νομίζουν ότι δεν χρειάζονται θεραπεία είναι αυτοί που τη χρειάζονται περισσότερο.

Το πρόβλημα είναι ότι οι επιλογές που κάνουμε οδηγούν στον κόσμο που όλοι πρέπει να περάσουμε, να βιώσουμε και να ονομάσουμε πραγματικότητα. Έτσι, είμαστε παγιδευμένοι σε μια κοινωνία ανίκανων, παράλογων ανθρώπων που ενεργούν με βάση το ένστικτο, όπως τα άγρια ζώα. Μια κοινωνία στην οποία όλοι θέλουν να πληρώνουν για μικρά κομμάτια χαρτί για να σκουπίσουν τον κώλο τους, αλλά κανείς δεν θέλει ένα κομμάτι χαρτί για να σκουπίσει τον εγκέφαλό του από τα σκατά που είναι μέσα του και που βρωμάνε, επειδή δεν μπορούν να δουν πόσο άσχημο και βρώμικο είναι. Ωστόσο, η αλήθεια είναι ότι οι ρατσιστές, οι εθνικιστές και οι ξενοφοβικοί μάλλον δεν έμαθαν τίποτα στο μάθημα της ιστορίας τους και χρειάζονται πολύ εκπαίδευση. Οι αγενείς, οι σοβινιστές και οι ναρκισσιστές χρειάζονται πολλή ψυχοθεραπεία γιατί δεν ξέρουν τίποτα για τον εαυτό τους. Και οι υπόλοιποι, που δεν μπορούν καν να κατηγοριοποιηθούν, είναι τόσο χαμένοι που μάλλον θα πρέπει να περάσουν από το θάνατο για να μάθουν κάτι χρήσιμο, γιατί δεν θα καταλάβουν τίποτα για την πνευματικότητα, ακόμα κι αν προσπαθήσουν.

Όταν ο Βούδας, περισσότερο από δύο χιλιάδες χρόνια πριν, είπε ότι πρέπει να εξασκηθείτε στην αποστασιοποίηση μέσω του διαλογισμού για να ξεπεράσετε τον πόνο, δεν έλεγε ότι πρέπει να είστε απαθείς απέναντί του, αλλά ότι πρέπει να γνωρίσετε τον εαυτό σας για να ξέρετε πώς προκαλείτε τον πόνο σας. Αυτή η πρακτική απαιτεί ενδοσκόπηση, και ο διαλογισμός ήταν ο τρόπος με τον οποίο οι άνθρωποι το έκαναν αυτό στο παρελθόν. Σήμερα, έχουμε πολλές άλλες μεθόδους που το επιτρέπουν αυτό, αλλά πολλοί άνθρωποι εξακολουθούν να αρνούνται να τις χρησιμοποιήσουν. Ωστόσο, αν περισσότεροι άνθρωποι είχαν επίγνωση του πόσο ηλίθιοι είναι, πιθανότατα θα ένιωθαν την ανάγκη να διαβάσουν περισσότερο.

Ωστόσο, οι πολύ αδαείς δεν έχουν καμία αυτογνωσία, γι' αυτό και δεν κάνουν τίποτα γι' αυτό. Εν τω μεταξύ, η ζωή, όπως είναι, δεν τους δίνει αρκετή πίεση ώστε να νιώσουν την ανάγκη να μάθουν και να επενδύσουν στην εκπαίδευσή τους, ακόμη και όταν είναι απορροφημένοι από διάφορες πιέσεις και βάσανα. Ως αποτέλεσμα, δεν τους αρέσει να πληρώνουν για βιβλία, αλλά δεν έχουν κανένα πρόβλημα να πληρώνουν για μπουκάλια νερού, που συχνά γεμίζουν με το ίδιο νερό από την κουζίνα. Ισχυρίζονται επίσης ότι δεν έχουν χρήματα για φαγητό, αλλά ξοδεύουν τα λίγα που έχουν σε επιπόλαια πράγματα. Στην πραγματικότητα, οι άνθρωποι ανησυχούν πάρα πολύ για την τιμή του κρέατος και όχι αρκετά για την τιμή των φρούτων, επειδή δεν τρώνε σωστά. Ίσως αυτό να είναι ένα από τα μεγαλύτερα σημάδια ότι τα ζώα, τουλάχιστον, είναι πιο έξυπνα για την υγεία τους. Χρειάζεται ένα ορισμένο επίπεδο ευαισθητοποίησης για να συνειδητοποιήσει κανείς τη σημασία αυτών των πραγμάτων, και πολλοί άνθρωποι είναι πολύ χαμένοι. Ωστόσο, πιστεύουν ότι τα κίνητρα θα λύσουν τα προβλήματά τους, λες και ένας τρελός με αποφασιστικότητα είναι καλύτερος από έναν ανόητο χωρίς καθόλου.

Από αυτή την άποψη, ο ψυχοπαθής έχει πλεονέκτημα, διότι τουλάχιστον αναγνωρίζει ότι η γνώση του δίνει πλεονέκτημα έναντι των άλλων. Το πρόβλημα του ψυχοπαθούς είναι ότι δεν είναι πολύ καλός στη συνέπεια, οπότε αναζητά συντομεύσεις. Η ανάγκη για σύντομες απαντήσεις είναι μια ψυχοπαθητική τάση στην κοινωνία μας, γιατί μόνο ένας υγιής άνθρωπος θα προσπαθήσει να κατανοήσει βαθύτερα, όχι απλώς να πάρει γρήγορες λύσεις στη ζωή και να έχει πλεονέκτημα έναντι των άλλων. Όσο πιο ψυχικά άρρωστο είναι ένα άτομο, τόσο λιγότερο ικανό είναι να αφομοιώσει διαφορετικές απόψεις. Γι' αυτό και δεν θέλουν να κάνουν την προσπάθεια να συναισθανθούν και να κατανοήσουν διαφορετικές απόψεις, όπως το να διαβάζουν πολύ.

Στην πραγματικότητα, είναι λογικό ότι πολλοί επιχειρηματίες προσλαμβάνουν ψυχοπαθείς για να διευθύνουν τις εταιρείες τους, επειδή θέλουν να βγάλουν μεγαλύτερα κέρδη σε λιγότερο χρόνο. Ωστόσο, δεν είναι επίσης περίεργο όταν οι ίδιοι ψυχοπαθείς χρεοκοπούν τις εταιρείες τους αφού τις βοηθήσουν να βγάλουν κέρδος. Πιστεύουμε ότι αυτά τα πράγματα συμβαίνουν λόγω των διακυμάνσεων της αγοράς και της οικονομίας, αλλά δεν συνδέουμε τα δύο στοιχεία: ψυχοπαθείς και διακυμάνσεις της αγοράς. Ωστόσο, το μέλλον μιας εταιρείας, όπως και το μέλλον μιας χώρας, μπορεί να προβλεφθεί με ακρίβεια με βάση τον χαρακτήρα των ανθρώπων που λαμβάνουν τις πιο σημαντικές αποφάσεις.

Κεφάλαιο 17 –
Η απομόνωση των αναπτυγμένων

Το μεγαλύτερο πρόβλημα, συχνά αόρατο σε όσους μπορούν να σκεφτούν αλλά δεν καταλαβαίνουν αυτόν τον κόσμο, είναι ότι διοικείται, ως επί το πλείστον, από ψυχοπαθείς και καθυστερημένους. Όσοι είναι φυσιολογικοί και ζουν μια οργανωμένη και προβλέψιμη ύπαρξη έρχονται συνεχώς αντιμέτωποι με μια ζήλεια που κρύβεται πίσω από δικαιολογίες που συχνά δεν έχουν καμία σχέση με τα γεγονότα. Σε αυτόν τον κόσμο, οι πιο συμπονετικοί, στοργικοί, ενσυναισθητικοί και έξυπνοι άνθρωποι θεωρούνται αδύναμοι, αφελείς και συνεχώς σπρώχνονται από την υπόλοιπη κοινωνία σαν να είναι κατώτεροι, αναποτελεσματικοί ή και άχρηστοι. Το αντίθετο είναι αλήθεια, αλλά δεν μπορείτε να περιμένετε τόσο από τους ψυχοπαθείς, οι οποίοι δεν μπορούν να χειραγωγήσουν και να ελέγξουν αυτά τα άτομα, όσο και από τις μεγάλες μάζες των διανοητικά καθυστερημένων ανθρώπων, οι οποίοι εκτιμούν τα συναισθήματά τους πάνω από τα αποτελέσματα, ακόμη και όταν αυτά τα αποτελέσματα επηρεάζουν τη δική τους επιβίωση, να τα βλέπουν αυτά τα πράγματα.

Ο μόνος δρόμος για τους πιο εξελιγμένους από το υπόλοιπο ανθρώπινο είδος θα είναι ο ίδιος που αντιμετωπίζουν τα τελευταία εκατομμύρια χρόνια: να εγκαταλείψουν τη φυλή τους (που είναι μια άλλη λέξη για την οικογένεια και τον πολιτισμό) και να βιώσουν τη μοναξιά, ξεκινώντας μια νέα ζωή με μια οικογένεια ή μόνοι τους.

Το κοινό σημείο σε όλες αυτές τις ιστορίες είναι η αμοιβαιότητα, διότι μια πεποίθηση είναι αποτελεσματική μόνο αν υπάρχει αμοιβαιότητα. Αν έχεις γνώσεις, πεποιθήσεις και επίγνωση της προηγμένης ζωής, αλλά δεν είσαι αποδεκτός, δεν έχεις αμοιβαιότητα, όσο δίκιο κι αν έχεις, και αυτό είναι που σε απομονώνει. Αυτό ήταν το πρόβλημα που αντιμετώπισαν μεγάλοι εφευρέτες όπως ο Νίκολα Τέσλα. Στην ουσία, ο Tesla δεν ήταν καλός στην ενσυναισθητική επικοινωνία επειδή δεν επικεντρώθηκε σε αυτήν. Η εστίασή του ήταν πολύ πιο εξελιγμένη, καθώς κοιτούσε το μέλλον και όχι τις συναισθηματικές ανάγκες των άλλων. Ως αποτέλεσμα, πέθανε μόνος του σε ένα δωμάτιο ξενοδοχείου, με μόνο φίλους τα περιστέρια, βλέποντας τον κόσμο να αλλάζει μπροστά στα μάτια του μέσω των εφευρέσεών του, χωρίς να αναγνωρίζεται το όνομά του. Τι θλιβερή ύπαρξη, αλλά και πολύ ενδεικτική του είδους του κόσμου που έχουμε. Ο Τέσλα δεν ήταν αδαής- ήταν απλώς πολύ προηγμένος για την εποχή του.

Σε έναν κόσμο ανόητων, οι τύραννοι και οι δικτάτορες είναι πιο πιθανό να λάβουν αναγνώριση και σεβασμό, γι' αυτό και τόσοι πολλοί ψυχοπαθείς έχουν εκμεταλλευτεί αυτή τη μαζική βλακεία για να οδηγήσουν τον κόσμο σε περισσότερη άγνοια, κακοποίηση και πολέμους που έχουν σκοτώσει εκατομμύρια ανθρώπους. Οι εφευρέσεις του Νίκολα Τέσλα θα μπορούσαν να έχουν προκαλέσει μια μεγάλη επανάσταση στον κόσμο, αλλά σήμαιναν το τέλος των κερδών από το πετρέλαιο, το φυσικό αέριο και την ηλεκτρική ενέργεια. Αυτός θα ήταν ένας νέος κόσμος ίσων ευκαιριών, στον οποίο οι τραπεζίτες που χρηματοδότησαν τις νέες εφευρέσεις δεν θα αύξαναν πλέον τον πλούτο τους και κανείς δεν θα μπορούσε να ελέγχει την παροχή ενέργειας. Αυτός ο κόσμος θα αναπτυσσόταν εξαιρετικά γρήγορα, επειδή δεν θα είχαμε ένα ή δύο έθνη που θα κυριαρχούσαν σε όλα τα άλλα, αλλά έναν ολόκληρο πλανήτη που θα συνέβαλε στην ίδια πρόοδο. Οι άνθρωποι δεν θα είχαν τόσο μεγάλη εμμονή με την ικανοποίηση των βασικών τους αναγκών για τροφή και νερό, αλλά θα επένδυαν στην εκπαίδευσή τους και στην πρόοδο του πλανήτη.

Σε έναν τέτοιο κόσμο, οι ιεραρχίες δεν θα μπορούσαν πλέον να υπάρχουν, καθώς θα αποδείκνυαν ότι είναι άχρηστες. Έτσι, οι ψυχοπαθείς, καθοδηγούμενοι από την απληστία, εξασφάλισαν ότι ένας τέτοιος κόσμος δεν θα υπήρχε ποτέ και έκτοτε κρατούν μακριά από τους απλούς ανθρώπους κάθε αναλαμπή μιας τέτοιας πραγματικότητας. Δεν μπορούν να υπάρξουν πόλεμοι εκτός αν οι άνθρωποι είναι πολύ ηλίθιοι για να συνειδητοποιήσουν γιατί συμβαίνουν και ποιος επωφελείται από αυτούς, και αυτή είναι η γενική περίπτωση. Αυτό συνέβαινε στο παρελθόν και εξακολουθεί να συμβαίνει και σήμερα, όπως δείχνουν οι πρόσφατοι πόλεμοι.

Για παράδειγμα, οι άνθρωποι δεν συνειδητοποιούν ότι οι Ηνωμένες Πολιτείες χρηματοδότησαν και εκπαίδευσαν τρομοκρατικές οργανώσεις, όπως το ISIS και άλλες εξτρεμιστικές ομάδες, για να βοηθήσουν στον καπιταλιστικό πόλεμο εναντίον κυβερνήσεων που αντιτίθενται στα αμερικανικά και ευρωπαϊκά συμφέροντα. Όταν οι Ηνωμένες Πολιτείες αποφάσισαν ότι ήταν πιο επικερδές να χρηματοδοτούν και τις δύο πλευρές των συγκρούσεων, αποφάσισαν να στείλουν τους δικούς τους στρατιώτες να πεθάνουν, επειδή μια ανθρώπινη ζωή έγινε πολύ φτηνή σε σύγκριση με τα δισεκατομμύρια που μπορούσαν να βγουν από το εμπόριο όπλων. Οι μάζες, που έχουν υποστεί πλύση εγκεφάλου από αυτά που διαβάζουν και βλέπουν, νομίζουν ότι διεξάγεται πόλεμος κατά της τρομοκρατίας, ενώ στην πραγματικότητα αυτό που συμβαίνει είναι η πλήρης καταστροφή της Μέσης Ανατολής και η μετατροπή των δημοκρατικών εθνών σε απόλυτες τυραννίες υπέρ των ευρωπαϊκών και βορειοαμερικανικών ιδεωδών. Τα φτωχά και άστεγα θύματα αυτών των πολέμων αναγκάζονται να ζητούν άσυλο σε έθνη που τους αντιμετωπίζουν με απόλυτη περιφρόνηση και ρατσισμό, ενώ κερδίζουν μισθό, συχνά κάτω από το μέσο όρο του πληθυσμού αυτών των εθνών, μόνο και μόνο για να μείνουν ζωντανοί.

Όταν η Ρωσία αποφάσισε να υπερασπιστεί τον εαυτό της ενάντια σε μια επικείμενη εισβολή των ΗΠΑ μέσω της Ουκρανίας, οι μάζες επέλεξαν για άλλη μια φορά να είναι ηλίθιες και απαίτησαν τον τερματισμό αυτού του πολέμου, παρόλο που ποτέ δεν το έκαναν αυτό σε κανέναν από τους άλλους περισσότερους από 30 πολέμους που ανέλαβαν οι ΗΠΑ και το ΝΑΤΟ για κανέναν άλλο λόγο εκτός από τη δική τους απληστία. Σαν να μην έφτανε αυτό, οι μάζες απέδειξαν για άλλη μια φορά πόσο εύκολα μπορούν να στοχοποιήσουν και να κάνουν διακρίσεις σε βάρος μιας ομάδας ανθρώπων όταν τους το λένε οι ψυχοπαθείς στην εξουσία, μισώντας τους Ρώσους για την εθνικότητά τους.

Κεφάλαιο 18:
Ο σιωπηλός οδηγός των πολέμων και των προκαταλήψεων

Έχουμε αναρωτηθεί στο παρελθόν πώς οι άνθρωποι στρέφονται εναντίον ολόκληρων εθνών και ομάδων, και είδαμε πώς όλος ο κόσμος στράφηκε εναντίον των Ρώσων για την εθνικότητά τους, όταν η Ρωσία εισέβαλε στην Ουκρανία το 2022. Ξαφνικά, οι Ρώσοι δεν μπορούσαν να κάνουν ανάληψη χρημάτων από τους τραπεζικούς τους λογαριασμούς επειδή είχαν γεννηθεί σε λάθος χώρα. Είδαμε το ίδιο πράγμα όταν το Ισραήλ εισέβαλε στη Γάζα το 2023 και ο κόσμος είδε τη δολοφονία χιλιάδων παιδιών να δικαιολογείται για πολιτικούς λόγους. Συνειδητοποίησα, όταν μιλούσα με ανθρώπους από διαφορετικά έθνη για τα προβλήματα του κόσμου και τις πολλές συγκρούσεις που εξακολουθούμε να παρακολουθούμε, ότι δεν έχουν ιδέα γιατί τα πράγματα συμβαίνουν με τον τρόπο που συμβαίνουν. Συχνά φέρνουν τα δικά τους συναισθήματα και τις προσωπικές τους ανάγκες στη συζήτηση, σαν να επρόκειτο για ένα επιχείρημα για να βρουν λογική στα πιστεύω τους.

Οι Αμερικανοί και οι Βρετανοί κάνουν το ίδιο πράγμα, γι' αυτό και δεν διαμαρτύρονται για τους πολέμους στη Μέση Ανατολή, όπου πεθαίνουν άνθρωποι διαφορετικού χρώματος και θρησκείας. Διαμαρτύρονται για τους πολέμους στην Ουκρανία, επειδή αυτοί οι άνθρωποι μοιάζουν περισσότερο με αυτό που θα μπορούσαν να θεωρήσουν φυσιολογικό άνθρωπο: λευκοί και χριστιανοί. Ο ρατσισμός είναι πολύ ζωντανός σήμερα, επειδή είναι χαρακτηριστικό των ηλιθίων, και ο ρατσισμός δικαιολογεί πολλούς πολέμους, επειδή υποκινείται από προσωπικά συναισθήματα, που συχνά έχουν τις ρίζες τους σε μια απατηλή αυτοεικόνα και σε απόλυτη άγνοια της ιστορίας και της επιστήμης. Αν και δεν το λένε ανοιχτά, ο κύριος λόγος που εγκρίνουν κάποιους πολέμους και όχι άλλους είναι πάντα υποκινούμενος από τη συναισθηματική τους άποψη για τον κόσμο.

Το ίδιο ισχύει και για την επιλογή των συντρόφων της ζωής, καθώς οι άνθρωποι κάνουν σεξ με ανθρώπους που μοιάζουν διαφορετικοί από αυτούς για διασκέδαση, αλλά εξετάζουν μόνο κάποιον που τους μοιάζει για να δημιουργήσουν οικογένεια. Συνειδητοποίησα ότι τα διαφυλετικά ζευγάρια είναι σπάνια επειδή οι άνθρωποι δεν βλέπουν την αγάπη ως προτεραιότητα, αλλά μάλλον ως αποτέλεσμα ενός συνδυασμού άλλων στοιχείων που έχουν αποτύχει στη ζωή τους. Θα παντρευτούν κάποιον που δεν έχουν σκεφτεί ποτέ, αν η εναλλακτική λύση είναι να μείνουν μόνοι. Και πάλι, αυτή είναι μια απόφαση που λαμβάνεται από εγωιστικές επιθυμίες, όχι από αγάπη.

Δεν περιμένω πολλοί από αυτούς τους ανθρώπους να το παραδεχτούν, και σίγουρα υπάρχουν πάντα εξαιρέσεις, αλλά υπάρχουν πλεονεκτήματα στο να έχεις τηλεπαθητικές ικανότητες που υπερβαίνουν αυτά που πολλοί σε αυτόν τον πλανήτη είναι πρόθυμοι να παραδεχτούν για τον εαυτό τους και τον κόσμο τους. Στην πραγματικότητα, είναι γελοίο να θεωρείς ότι υπάρχει ένας παράδεισος στη Γη, αν δεν είσαι πρόθυμος να μοιραστείς τις σκέψεις σου. Όσο περισσότερο έχετε να κρύψετε, τόσο λιγότερο μπορείτε να θεωρηθείτε ως κάποιος έτοιμος για μια ουσιαστική μετάβαση που δεν σημαίνει να επιστρέψετε εδώ και να ξεκινήσετε πάλι από την αρχή. Όταν μπορείς να διαβάσεις τους ανθρώπους γι' αυτό που είναι, συνειδητοποιείς πόσο πολύ αντιστέκονται στην ειλικρίνειά τους. Το κάνουν αυτό επειδή το να δείχνουν ότι είναι καλός άνθρωπος είναι πιο σημαντικό γι' αυτούς από το να είναι πραγματικά καλός άνθρωπος. Αυτός είναι ο λόγος για τον οποίο πολλοί άνθρωποι δεν παραδέχονται ότι είναι ρατσιστές, παρόλο που κάνουν ρατσιστικά σχόλια και παρατηρήσεις όλη την ώρα.

Μου θυμίζουν μια φίλη που συνήθιζε να λέει στους ανθρώπους ότι ήταν χορτοφάγος, αλλά δεν μπορούσε να περάσει ούτε μια μέρα χωρίς να φάει κρέας. Θύμωσε όταν αποφάσισα να σταματήσω να τρώω κρέας. Αν είστε ηθικός άνθρωπος, όταν οι ψεύτες δεν μπορούν να παραδεχτούν τα ψέματά τους, είναι καθήκον σας να τους αποκαλύψετε ως ψεύτες, όσο κι αν διαμαρτύρονται και σας αποκαλούν ψεύτη επειδή αποκαλύψατε τα ψέματά τους. Επιπλέον, είναι αναμενόμενο και αρκετά ειρωνικό ότι θα κατηγορηθείς ότι κάνεις ό,τι κάνουν οι ψεύτες, γιατί έτσι αντιδρούν όταν εκτίθενται.

Δεν υπάρχει καλύτερο πλαίσιο για να κρίνετε τη συμπεριφορά και τις αξίες των ανθρώπων από ό,τι όταν επιλέγουν σύντροφο. Τότε είναι που βγαίνει στην επιφάνεια ένα μεγάλο μέρος της πραγματικής τους φύσης. Στην πραγματικότητα, ο λόγος για τον οποίο πολλοί άνθρωποι δυσκολεύονται να βρουν έναν καλό σύντροφο ζωής είναι επειδή δεν σκέφτονται αυτή τη δυναμική ή ακόμη και το πώς εφαρμόζουν τις δικές τους ψευδαισθήσεις στη συμπεριφορά τους. Η αλήθεια είναι ότι τόσο οι γυναίκες όσο και οι άνδρες αναζητούν μια ορισμένη αμοιβαιότητα όταν αναζητούν σύντροφο ζωής, είτε είναι ετεροφυλόφιλοι είτε όχι, και ανεξάρτητα από τα σεξουαλικά τους ενδιαφέροντα. Υπάρχουν ακόμη και άνδρες που πιστεύουν ότι μπορούν να παντρευτούν μια εικονική γυναίκα και θα πεθάνουν γι' αυτήν αν ταιριάζει με αυτό που χρειάζονται.

Όταν πρόκειται για ανθρώπους, αυτή η αμοιβαιότητα τείνει να είναι πιο σύνθετη και περιλαμβάνει την οπτική επαφή, τη μη λεκτική επικοινωνία, τα χαμόγελα και τις ερωτήσεις. Θα χρειαστεί πολύς χρόνος για να το συνειδητοποιήσουν αυτό οι άνθρωποι, ειδικά αν νομίζουν ότι η τεχνητή νοημοσύνη μπορεί να αντικαταστήσει την ανάγκη τους για επιβεβαίωση, όταν έχουν ψευδαισθήσεις για τον εαυτό τους και δεν γνωρίζουν καν τον εαυτό τους τόσο καλά. Σημειώστε ότι ένα ενδιαφερόμενο άτομο θα κάνει ερωτήσεις, και αν κάποιος είναι πολύ ήσυχος, μάλλον δεν προσέχει. Ωστόσο, υπάρχει διαφορά μεταξύ του να είσαι ευγενικός και του να είσαι ειλικρινής. Μια μηχανή τεχνητής νοημοσύνης δεν θα είναι τόσο ειλικρινής ώστε να προκαλέσει σύγκρουση. Αλλά ένας καλός φίλος θα πρέπει να το κάνει.

Κεφάλαιο 19: Οι παράλογες δυνάμεις που διαμορφώνουν τον κόσμο μας

Η ανάγκη για αμοιβαιότητα και κοινωνική επικύρωση ξεκινά όταν υπάρχει επίγνωση ορισμένων πτυχών που αντιστοιχούν σε προσωπικά ενδιαφέροντα ή ανάγκες. Ωστόσο, χωρίς αυτογνωσία, η αμοιβαιότητα μπορεί να οδηγήσει σε μια μεγαλύτερη ψευδαίσθηση για τον εαυτό μας, όπως συμβαίνει όταν οι άνθρωποι συναναστρέφονται με εκείνους που τους λένε αυτό που θέλουν να ακούσουν, αντί για την αλήθεια. Για τους άνδρες, αυτές οι ανάγκες τείνουν να συνδέονται με την κοινωνική επικύρωση και τη σωματική έλξη, γι' αυτό και μπορεί να ενδιαφέρονται για μια γυναίκα με κακό χαρακτήρα, αν είναι αρκετά καλοντυμένη και θηλυκή. Για τις γυναίκες, η επικύρωση συνδέεται επίσης με φυσικές και κοινωνικές πτυχές, αλλά σε αυτή την περίπτωση δεν αποδίδεται τόσο στο φύλο, όσο στο εισόδημα και την κοινωνική θέση του άνδρα, με άλλα λόγια, το μέγεθος της σιωπηρής ή ρητής εξουσίας που έχει.

Η σιωπηρή εξουσία μπορεί να σχετίζεται με την κοινωνική επιρροή και τα οικονομικά, ενώ η ρητή εξουσία είναι η πραγματική κατοχή μιας θέσης που αυτομάτως προσδίδει εξουσία. Οι γυναίκες έλκονται αυτόματα από αυτούς τους άνδρες για προφανείς λόγους που δεν σκέφτονται καν, παρόλο που πρόκειται για μια βιολογική παρόρμηση που υπάρχει εδώ και χιλιάδες χρόνια. Σε μια πιο πρωτόγονη πτυχή αυτής της πραγματικότητας, είναι προφανές ότι αυτοί οι άνδρες είναι πιο πιθανό να κυριαρχούν και να εξουσιάζουν τους άλλους. Δεν είναι απαραίτητα οι πιο ενσυναισθητικοί, γι' αυτό και οι γυναίκες ισχυρίζονται ότι κακοποιούνται στις σχέσεις τους, παρόλο που η ενσυναίσθηση δεν αποτέλεσε ποτέ κριτήριο για την επιλογή συντρόφου.

Οι άνδρες που ωθούνται σε θέσεις εξουσίας και ελέγχου τείνουν να είναι ψυχοπαθείς, αλλά οι γυναίκες δεν μπορούν να το δουν έτσι, γι' αυτό και πολλοί λένε ότι όλοι οι άνδρες είναι ίδιοι. Όταν ζήτησα από τις γυναίκες που λένε ότι όλοι οι άνδρες είναι ίδιοι να μου περιγράψουν αυτούς τους άνδρες, ανέφεραν ένα πολύ μικρό ποσοστό της κοινωνίας, συμπεριλαμβανομένων ανδρών που σπάνια συναντώ και ανδρών με τους οποίους δεν θα σκεφτόμουν καν να συνεργαστώ ή να έχω φίλους. Στην ουσία, οι περισσότερες γυναίκες έλκονται από ψυχοπαθείς επειδή ενεργοποιούν περισσότερους μηχανισμούς έλξης. Κατά συνέπεια, οι περισσότερες γυναίκες αναπαράγονται με το χαμηλότερο ποσοστό του ανδρικού φάσματος, και εκεί βρίσκονται οι ψυχοπαθείς. Η ειρωνεία εδώ είναι ότι όσο πιο ανασφαλής αισθάνεται μια γυναίκα, τόσο πιο πιθανό είναι να έλκεται από έναν κυρίαρχο άνδρα, συνήθως ψυχοπαθή. Έτσι, όταν μιλάμε για ενδοοικογενειακή βία ή για γυναίκες που είναι υποταγμένες σε πολύ κτητικούς άνδρες, δεν μιλάμε πραγματικά για ανισότητα ή για πόλεμο των φύλων, αλλά μάλλον για ένα πολύ συγκεκριμένο πρόβλημα.

Οι ανασφαλείς γυναίκες έλκονται από κτητικούς και κυρίαρχους άνδρες, οι οποίοι με τη σειρά τους είναι πιο επιρρεπείς στη βία και την ψυχολογική κακοποίηση, ακριβώς επειδή έχουν την ανάγκη να κυριαρχούν στους άλλους με τη βία για να νιώθουν ότι επικυρώνονται. Με αυτόν τον τρόπο καταστρέφουμε μια ολόκληρη κοινωνία επειδή οι γυναίκες είναι πολύ συναισθηματικές στις επιλογές τους και επιλέγουν τους πιο βίαιους άνδρες, καθώς και επιλέγουν άνδρες χωρίς ενσυναίσθηση. Όταν λέμε ότι ο κόσμος επαναλαμβάνει συνεχώς τους ίδιους αγώνες, δεν αναγνωρίζουμε ότι αυτό συμβαίνει επειδή οι άνθρωποι συνεχίζουν να κάνουν τις ίδιες επιλογές και να αναπαράγονται για τους ίδιους λόγους, διαιωνίζοντας τον ίδιο τύπο γονιδίων.

Επιπλέον, η εκπαίδευση στις διάφορες μορφές της ενισχύει τις λαϊκές πεποιθήσεις για εμπορικούς λόγους. Είναι ενδιαφέρον να παρατηρήσουμε, για παράδειγμα, πώς οι ιστορίες αγάπης, από εκείνες που λέγονται στα παιδιά μέχρι εκείνες που προωθούνται σε μυθιστορήματα ενηλίκων, αφορούν πάντα άνδρες με εξουσία - πρίγκιπες, βασιλιάδες και επιχειρηματίες - οι οποίοι κερδίζουν την πιο αφελή, μοναχική γυναίκα γεμάτη όνειρα. Έχει αλλάξει αυτή τη δυναμική η αυξανόμενη ανεξαρτησία των γυναικών; Οι στατιστικές δείχνουν ότι οι γυναίκες χωρίζουν συχνότερα και είναι πιο πιθανό να είναι μόνες τους, μεγαλώνοντας παιδιά με διαφορετικούς άνδρες για τις ίδιες ακριβώς αξίες και λόγους. Η μη αντιμετώπιση αυτών των ζητημάτων μπορεί να μας κάνει πιο ανεκτικούς, αλλά το να μην κρίνουμε τι συμβαίνει με βάση τα γνωστά δεδομένα δεν θα αλλάξει τα αποτελέσματα.

Στην ουσία, όποιο κι αν είναι το θέμα, βλέπουμε ότι η δυναμική του κόσμου έχει αλλάξει για να εξυπηρετήσει τις συναισθηματικές ανάγκες των ανθρώπων και όχι επειδή αυτό είναι λογικό. Όταν οι άνθρωποι λένε ότι η αγάπη είναι πιο σημαντική από τη λογική, κυριολεκτικά λένε ότι τα παράλογα κίνητρα που βασίζονται σε συναισθήματα που έχουν τις ρίζες τους σε απατηλές παραδοχές έχουν γι' αυτούς περισσότερο νόημα. Οι άνθρωποι δεν νοιάζονται για τη λογική ή τη λογική, λυγίζουν όλους τους κανόνες και αλλάζουν όλους τους νόμους για να ικανοποιήσουν τις συναισθηματικές τους ανάγκες. Γι' αυτό υπάρχουν τόσοι πολλοί νόμοι για τα πιο γελοία σενάρια. Όσο η κοινωνία γίνεται πιο ανώμαλη και ψυχικά άρρωστη, ο αριθμός των νόμων θα αυξάνεται, αλλά όχι η τάξη. Οι νόμοι απλώς θα κυνηγούν το χάος, το οποίο θα συνεχίσει να εξαπλώνεται σε όλο τον κόσμο. Παρόλο που υπάρχει τρόπος να οργανώσουμε την κοινωνία με φυσικό τρόπο, υπάρχουν πολλοί τρόποι να βιώσουμε το χάος και δεν υπάρχει όριο στον αριθμό των νόμων που μπορούμε να δημιουργήσουμε για να ενισχύσουμε μια τάξη που δεν θα γίνει ποτέ κατανοητή ή αποδεκτή.

Κεφάλαιο 20: Οι ψυχοπαθητικές ρίζες του πολέμου και των συγκρούσεων

Όσοι δεν μπορούν να ζήσουν σε αυτόν τον χαοτικό κόσμο οδηγούνται στην απομόνωση και την εξαφάνιση, γι' αυτό και το ποσοστό αυτοκτονιών μεταξύ των μεσήλικων ανδρών συνεχίζει να αυξάνεται και είναι τέσσερις φορές υψηλότερο από εκείνο των γυναικών. Κανείς δεν ενδιαφέρεται για αυτούς τους άνδρες. Οι γυναίκες σίγουρα όχι, επειδή τους έχουν αποκλείσει από τα κριτήρια επιλογής συντρόφου. Ούτε οι ψυχοπαθείς νοιάζονται, γιατί πιθανότατα τους έχουν κακοποιήσει. Οι ψυχοπαθείς κυριαρχούν με τη βία και είναι άπληστοι. Η μόνη ελπίδα γι' αυτούς τους άνδρες βρίσκεται μέσα τους, στην απομόνωσή τους, γι' αυτό και τόσοι πολλοί άνδρες άνω των 40 δεν παντρεύονται ποτέ και δεν κάνουν παιδιά.

Ερχόμαστε σε ένα άλλο παράδοξο: αν δεν σας αρέσει η κοινωνία όπως είναι, πρέπει παρόλα αυτά να τη μελετήσετε και να αφομοιωθείτε αν θέλετε να επιβιώσετε, να ξεπεράσετε την ψυχική ασθένεια και να πετύχετε. Μπορεί να μη συμφωνείτε ποτέ με αυτά που σκέφτονται και κάνουν οι ψυχοπαθείς, αλλά και πάλι πρέπει να τους μελετήσετε. Πρέπει να ξέρετε πώς βλέπουν τον κόσμο και ποια είναι τα σχέδιά τους για να βρουν μια διέξοδο από το χάος. Ούτε μπορούμε να αγνοήσουμε τη βία που προκαλούν οι ψυχοπαθείς σε αυτόν τον κόσμο. Σε έναν κόσμο γεμάτο ψυχοπαθείς, οι συγκρούσεις προκύπτουν στην καθημερινή ζωή και θα μας φτάσουν αν απλά απαιτήσουμε να μας σέβονται, γιατί οι ψυχοπαθείς δεν σέβονται συνέχεια. Βλέπουν την ευγένεια ως αδυναμία και γι' αυτό καταλήγουν να συμβάλλουν σε αυτόν τον κόσμο.

Σε χώρες όπως η Ελλάδα, η Πορτογαλία, η Ισπανία, η Πολωνία και η Λιθουανία, υπάρχουν τόσοι πολλοί ψυχοπαθείς που καταλήγουμε να τσακωνόμαστε για τα πιο απλά πράγματα, επειδή οι άνθρωποι σε αυτές τις χώρες είναι εξαιρετικά ασεβείς. Η έλλειψη σεβασμού είναι τόσο συνηθισμένη σε αυτά τα μέρη που θα σας πουν ότι είναι μέρος της κουλτούρας τους. Στον κόσμο τους, δεν υπάρχει χώρος για συμφωνίες ή ειρηνική συνύπαρξη. Γι' αυτούς, είσαι είτε αρπακτικό είτε θήραμα. Οι ψυχοπαθείς έχουν μια δυαδική αντίληψη της πραγματικότητας. Ορισμένες από τις δηλώσεις τους είναι πολύ αποκαλυπτικές για το πώς σκέφτονται, όπως: «Αν συμφωνείς με αυτά που λέω, είναι επειδή είσαι πολύ αδύναμος για να έχεις δική σου γνώμη». Με άλλα λόγια, δεν μπορούν να δουν τις συμφωνίες ως δύο ανθρώπους που σκέφτονται από κοινού για να πετύχουν το καλύτερο αποτέλεσμα, αλλά ως ένα άτομο που κυριαρχεί στο άλλο με τη δική του άποψη. Γι' αυτό είναι άσκοπο να προσπαθείς να εξηγήσεις τη λογική σε έναν ψυχοπαθή. Δεν τους ενδιαφέρει η λογική, μόνο η κυριαρχία, και αυτή η κυριαρχία μπορεί να έρθει με τη βία, αν συνειδητοποιήσουν ότι είσαι πολύ αδύναμος για να τους βλάψεις ή πολύ ευγενικός για να διαφωνήσεις. Αυτός είναι ο λόγος για τον οποίο οι ευχάριστες προσωπικότητες είναι πιο πιθανό να υποστούν συναισθηματική κακοποίηση. Για τους ψυχοπαθείς δεν υπάρχει κοινή λογική, γεγονότα ή λογική, παρά μόνο απόψεις που κερδίζουν και χάνουν.

Αυτή η κυριαρχία χρησιμοποιείται συχνά από τις ψυχοπαθείς γυναίκες δημοσίως, επειδή γνωρίζουν ότι πολλοί άλλοι άνθρωποι είναι αρκετά ηλίθιοι για να παρεμβαίνουν στην υπεράσπισή τους. Χρησιμοποιούν επίσης άλλους άνδρες εναντίον ενός ατόμου που συχνά είναι θύμα ψυχολογικής κακοποίησης. Χρησιμοποιώντας τη βία άλλων ανδρών, μια ψυχοπαθής γυναίκα μπορεί στη συνέχεια να στραφεί εναντίον του στόχου της. Σε ορισμένες περιπτώσεις, οι ψυχοπαθείς γυναίκες χρησιμοποιούν ακόμη και σωματική βία μπροστά σε άλλους ανθρώπους, γνωρίζοντας ότι η κοινωνία θα παρέμβει εναντίον ενός άνδρα που θα αντιδράσει προς υπεράσπισή τους.

Αν και το θέμα αυτό δεν έχει μελετηθεί επαρκώς, δεν είναι ασυνήθιστο πολλοί πόλεμοι να μην έχουν ξεκινήσει στην πραγματικότητα από βασιλιάδες εναντίον βασιλιάδων, αλλά από βασίλισσες. Σε πολλούς πολιτισμούς, λέγεται ότι πίσω από έναν ισχυρό άνδρα υπάρχει μια ισχυρή γυναίκα, αλλά αυτός είναι ένας τρόπος εξορθολογισμού ενός ψυχοπαθητικού χαρακτηριστικού στον κόσμο. Είναι πιο ακριβές να πούμε ότι πίσω από έναν πολύ συναισθηματικό, ισχυρό και ευχάριστο άνδρα, υπάρχει σίγουρα μια ψυχοπαθής γυναίκα. Αυτοί οι άνδρες συνήθως ελέγχονται από ψυχοπαθείς γυναίκες, και οι δύο έλκονται ο ένας από τον άλλο για τους λόγους που ήδη αναφέρθηκαν, επειδή ένας πολύ αντιδραστικός άνδρας είναι ουσιαστικά ένας πολύ συναισθηματικός άνδρας. Σε έναν κόσμο που κυριαρχείται από ψυχοπαθείς, είναι φυσιολογικό για τις περισσότερες γυναίκες να αισθάνονται ανασφάλεια και επομένως να αναζητούν άνδρες που τις κάνουν να αισθάνονται ασφαλείς.

Παρόλο που συζητούνται και ερευνώνται πολλά σχετικά με την έλξη, επιστρέφουμε πάντα στα ίδια σημεία: Οι γυναίκες ενδιαφέρονται για τους καλοντυμένους, δυνατούς άνδρες επειδή αντιπροσωπεύουν την αξιοπιστία, την κοινωνική επιβεβαίωση και την ασφάλεια. Ξεκινούν επίσης συζητήσεις με άνδρες που θεωρούν ότι έχουν υψηλή κοινωνική αξία, επειδή αυτοί οι άνδρες έχουν περάσει το τεστ επικύρωσης. Λέγεται ότι οι γυναίκες δεν πλησιάζουν ποτέ τους άνδρες για τους οποίους ενδιαφέρονται, αλλά αυτό το λένε γυναίκες που λένε ψέματα και άνδρες που δεν έχουν βιώσει ποτέ την εμπειρία της δύναμης. Οι γυναίκες πάντα με πλησίαζαν και μου έδιναν τον αριθμό τηλεφώνου τους όταν με θεωρούσαν άτομο υψηλής κοινωνικής αξίας, δηλαδή όταν ταξίδευα, μιλούσα δημόσια, ήμουν καλοντυμένος με κοστούμι ή δημοφιλής σε πολλούς ανθρώπους. Μάλιστα, όταν ζούσα στις Ηνωμένες Πολιτείες, οι Αμερικανίδες με πλησίαζαν συχνά λόγω του τρόπου που ντυνόμουν. Γνώρισα δεκάδες από αυτές μέσα σε λίγες εβδομάδες και σε κάθε περίπτωση ήταν εκείνες που ξεκίνησαν τη συζήτηση.

Κεφάλαιο 21 – Προσωπικά συμφέροντα και το μέλλον του πλανήτη

Παρατήρησα μια συσχέτιση μεταξύ της συμπεριφοράς επιλογής συντρόφου και της ευφυΐας τόσο στους άνδρες όσο και στις γυναίκες. Στην περίπτωση των γυναικών, για παράδειγμα, όταν είναι λιγότερο ευφυείς, αντιλαμβάνονται την ανάγκη τους για ασφάλεια όχι με βάση την αξία ενός άνδρα για την κοινωνία, αλλά με βάση τη σωματική του δύναμη. Αυτό θα ήταν σαν ένας άνδρας να πηγαίνει πίσω στο χρόνο και να προσπαθεί να φλερτάρει με μια μεσαιωνική γυναίκα που εργάζεται στα χωράφια, επειδή σαφώς θα ενδιαφερόταν περισσότερο για έναν άνδρα που ξέρει να χρησιμοποιεί ένα σπαθί και να ιππεύει ένα άλογο παρά για έναν άνδρα που διαβάζει βιβλία. Η ανάγνωση βιβλίων δεν έχει καμία αξία σε έναν κόσμο όπου η κυριαρχία καθορίζεται από τη σωματική δύναμη και την ικανότητα να σκοτώνεις. Στα φτωχότερα έθνη της Ευρώπης, αυτά τα χαρακτηριστικά εξακολουθούν να επικρατούν, καθώς οι γυναίκες τείνουν να προτιμούν άνδρες που είναι δυνατοί και ψηλοί, όχι πιο έξυπνοι.

Στην ουσία, οι γυναίκες αναζητούν ασφάλεια, την οποία βρίσκουν στις χρηματικές κατακτήσεις, στα σωματικά χαρακτηριστικά ή στις πνευματικές ιδιότητες. Ωστόσο, αυτά τα πράγματα διαφέρουν ανάλογα με την περιοχή, γι' αυτό και ορισμένοι άνδρες μπορεί να είναι αόρατοι σε ορισμένους πολιτισμούς και πολύ ελκυστικοί σε άλλους. Αν η ευφυΐα είναι ένα άσχετο χαρακτηριστικό, είναι επειδή ο συγκεκριμένος πολιτισμός είναι πολύ πρωτόγονος για να την εκτιμήσει, και στις πρωτόγονες χώρες, η δύναμη και η εμφάνιση υπερισχύουν στην κοινωνική δυναμική. Γι' αυτό οι Λιθουανοί είναι εξαιρετικά ρατσιστές και ξενοφοβικοί. Μπορεί να μην αρέσουν στους ανθρώπους όσοι εκθέτουν ή παραδέχονται αυτές τις αλήθειες, αλλά αυτό συμβαίνει επειδή τα συναισθήματά τους υπερισχύουν της αυτοκριτικής.

Στις μάζες δεν αρέσει να αναλύουν τον εαυτό τους επειδή είναι ανίκανες να το κάνουν. Αυτός είναι ο ίδιος λόγος για τον οποίο πολλοί Λιθουανοί ρωσικής καταγωγής ισχυρίζονται ότι μισούν τους Ρώσους, ή γιατί οι Ισπανοί ισχυρίζονται ότι αντιπαθούν τους Άραβες, αλλά οι ίδιοι είναι αραβικής καταγωγής, ή γιατί οι Κροάτες και οι Έλληνες είναι ρατσιστές κατά των Τούρκων, παρόλο που ήταν μέρος της Τουρκίας κατά τη διάρκεια της Οθωμανικής Αυτοκρατορίας για σχεδόν χίλια χρόνια. Πρόκειται για τους ίδιους ανθρώπους που μισούν ο ένας τον άλλον. Όσο πιο πρωτόγονος είναι ένας πολιτισμός, τόσο πιο πιθανό είναι να αποφεύγει την αυτοκριτική για τη συμπεριφορά του και ακόμη και για την προέλευσή του. Οι αλληλεπιδράσεις καθοδηγούνται από το ένστικτο, με βάση παράλογες αντιδράσεις, παρά από την κοινή λογική.

Δεν υπάρχει κοινή λογική σε περιοχές που κυριαρχούνται από ηλίθιους ανθρώπους. Ωστόσο, μπορείτε εύκολα να καταλάβετε πώς σκέφτονται και πώς συμπεριφέρονται οι άνθρωποι οργανώνοντας κοινωνικές εκδηλώσεις, κάτι που έχω κάνει πολλές φορές και για πολλά χρόνια σε περισσότερες από τριάντα χώρες στις οποίες έχω ζήσει. Με την πάροδο του χρόνου, θα δείτε ποιοι τύποι ανθρώπων έλκονται από τις κοινωνικές συναναστροφές και γιατί, και ποιοι τύποι εκδηλώσεων τους ελκύουν περισσότερο. Καθώς θα συνεχίσετε να κάνετε αυτούς τους συσχετισμούς μέσω της παρατήρησης, θα ανακαλύψετε ότι οι περισσότεροι άνθρωποι μπορεί να μη σας συμπαραστέκονται, αλλά εκείνοι που σας συμπαθούν θα γίνουν οι νέοι σας φίλοι. Συχνά, οι λόγοι για τους οποίους κάποιος θέλει ή δεν θέλει να γίνει φίλος σας είναι εντελώς παράλογοι και μπορούν να αλλάξουν μέσα σε λίγα λεπτά.

Για παράδειγμα, οι Ευρωπαίοι, οι Βορειοαμερικανοί και οι Βρετανοί είναι συνήθως εγωιστές και παρακινούνται από προσωπικά συμφέροντα, οπότε μπορούν να αγνοήσουν ένα άτομο που θεωρούν ότι έχει μικρή αξία και στη συνέχεια να αρχίσουν να του χαμογελούν και να τον καλούν σε δείπνο όταν θέλουν κάτι από αυτόν. Αυτό έγινε πολύ εμφανές σε μένα όταν ανακάλυψαν ότι ταξιδεύω πολύ ή ότι είμαι συγγραφέας. Αυτό δεν συμβαίνει τόσο πολύ με τους Νοτιοαμερικανούς, τους Αφρικανούς και τους Ασιάτες, επειδή ενδιαφέρονται περισσότερο να κάνουν φιλίες με βάση συζητήσεις για θέματα για τα οποία ενδιαφέρονται να μιλήσουν και τα δύο μέρη, πράγμα που στην πραγματικότητα έχει πολύ περισσότερο νόημα από ανθρώπινη άποψη. Γι' αυτό λέω συχνά ότι το μέλλον του πλανήτη δεν βρίσκεται στην Ευρώπη ή τη Βόρεια Αμερική, γιατί δεν μπορεί να αναπτυχθεί αν οι άνθρωποι ενδιαφέρονται μόνο για τα δικά τους προσωπικά συμφέροντα, είναι σκληροί με τους άλλους και κάνουν διακρίσεις με βάση την εμφάνιση και τις δικές τους απόψεις ή το τι μπορούν να τους προσφέρουν οι άλλοι. Πρόκειται για ένα είδος νοοτροπίας δούλου και δουλοπάροικου, μεταξύ αποικιοκρατών και αποικιοκρατούμενων, που δεν έχει πλέον νόημα, αλλά είναι διαδεδομένη σε πολλούς πολιτισμούς.

Αν μπορείτε να δείτε αυτά τα πράγματα, φυσικά οι άλλοι θα σας βρίσκουν μπερδεμένους, γιατί δεν θα καταλάβουν κάποιον που ανατρέπει την οργανωμένη τους άποψη για τον κόσμο. Αν τους επιστήσετε την προσοχή στη συμπεριφορά τους, θα σας περάσουν για τρελούς, επειδή δεν βλέπουν τίποτα κακό σε αυτήν. Αν τα πολιτισμικά χαρακτηριστικά είναι πολύ εγγενή στην άποψη ενός ατόμου για τον εαυτό του, δεν θα τα δει ως λάθος, επειδή δημιουργείται σύγκρουση στην αυτοεικόνα του. Αυτός είναι ο λόγος για τον οποίο οι ρατσιστές προσβάλλονται όταν τους αποκαλούμε ρατσιστές, παρόλο που ενεργούν σύμφωνα με ρατσιστικά στερεότυπα. Αυτός είναι ο λόγος για τον οποίο οι άνθρωποι δέχονται μπουνιές και πυροβολισμούς και οι χώρες πηγαίνουν σε πόλεμο.

Αυτός είναι ο λόγος για τον οποίο η οπτική μου για τον πόλεμο είναι πολύ διαφορετική από εκείνη των περισσότερων ανθρώπων. Συνειδητοποίησα ότι η σύγκρουση είναι αναπόφευκτη, ότι ο ρατσισμός δεν μπορεί να νικηθεί με τη λογική και ότι οι διακρίσεις που βασίζονται σε πρωτόγονες πτυχές δεν έχουν νόημα αν θέλουμε να εξελιχθούμε πέρα από ένα στάδιο μαζικής σχιζοφρένειας, γι' αυτό και ο πόλεμος ενάντια στα πιο καταστροφικά στοιχεία της κοινωνίας είναι πάντα δικαιολογημένος. Το πρόβλημα είναι να προσδιορίσουμε ποια είναι αυτά τα στοιχεία και πώς να τα βρούμε, και αυτό είναι μια άλλη πρόκληση σε αυτόν τον κόσμο, επειδή συχνά ο στόχος που επιλέγεται και προσδιορίζεται ως εχθρός είναι λανθασμένος. Αλλά αυτό είναι στην πραγματικότητα η παραφροσύνη και η άγνοια: να στοχεύεις σε λάθος στόχους λόγω έλλειψης σοφίας, αντίληψης και πνευματικής διαύγειας. Όταν οι άνθρωποι είναι βαθιά παράφρονες, δολοφονούν τους αθώους.

Κεφάλαιο 22: Απελευθερώνοντας τον εαυτό σας από τις πολιτισμικές νόρμες και εξελίσσοντας τη συνείδησή σας

Δεν έχετε εξελιχθεί επαρκώς μέχρι να μπορέσετε να αποστασιοποιηθείτε από τη δική σας θέση στην κοινωνία και να αναγνωρίσετε τον εαυτό σας ως εχθρό των μαζών, με το φως της λογικής και της προόδου. Χρειάζεται μια πολύ εξελιγμένη ψυχή για να μπορέσει να κάνει μια εσωτερική ανάλυση και να διαχωρίσει τη βιολογία από το πνεύμα κατά τη διαδικασία εντοπισμού των προβλημάτων. Γι' αυτό ασκώ τόση κριτική στους Ευρωπαίους, παρόλο που είμαι ένας από αυτούς και προφανώς δεν συγκρίνω τους Ευρωπαίους αναγνώστες μου με την υπόλοιπη ήπειρο. Αυτή η διάκριση είναι αναπόφευκτη αν θέλουμε να προοδεύσουμε ως ανθρώπινα όντα. Είναι επίσης φυσιολογικό ότι, στα υψηλότερα επίπεδα αυτής της προόδου, σταματάς να βλέπεις τον διαχωρισμό ως κάτι που έρχεται από κάτω - σημαίες, εδάφη και χρώματα - και αρχίζεις να τον βλέπεις από πάνω - συνείδηση, εξέλιξη των αντιλήψεων και της γνώσης. Μόνο τότε μπορείτε να ελπίζετε σε έναν καλύτερο κόσμο. Μέχρι να φτάσουμε σε αυτό το επίπεδο, τα μουσεία μας θα είναι απλώς μια άλλη οπτική του ίδιου πράγματος, που σχετίζεται με το παρελθόν αλλά αντιπροσωπεύει ένα παράλληλο παρόν.

Το τελευταίο πράγμα που θέλει η κοινωνία είναι το χάος, γιατί ανατρέπει το σύστημα πεποιθήσεων στο οποίο όλοι συμφωνούν. Ωστόσο, ως ηγέτης της δικής σας ζωής, θα γίνεστε πάντα ένα ανατρεπτικό στοιχείο στην κοινωνία, γεγονός που σας καθιστά απρόβλεπτους και, ως εκ τούτου, θεωρείται επικίνδυνος. Οι άνθρωποι πάντα με πλησιάζουν κρυφά όταν γράφω, επειδή νομίζουν ότι είμαι απρόβλεπτος. Δεν με καταλαβαίνουν ή δεν καταλαβαίνουν τι κάνω. Απλώς με βλέπουν ως απειλή και, επειδή καθοδηγούνται από το συναίσθημα και όχι από τη λογική, προσπαθούν να βρουν λόγους για να δικαιολογήσουν τα δικά τους συναισθήματα. Είναι κατά βάθος παράφρονες, αλλά δεν μπορούν να το δουν, και αυτό είναι ένα άλλο πρόβλημα που θα αντιμετωπίσετε ως διασπαστικό στοιχείο της κοινωνίας. Θα διαπιστώσετε ότι οι άνθρωποι είναι τελείως παράφρονες, δικαιολογώντας πάντα τα παράλογα συναισθήματα και μη μπορώντας να το δουν. Έτσι, θα αναγκαστείτε να διαχωρίσετε τον εαυτό σας από πολλούς ανθρώπους που θα σας θεωρούν σκληρούς, επειδή δεν μπορούν να δουν ότι απλά αφήνετε αυτούς που είναι ήδη ψυχικά νεκροί.

Η συντριπτική πλειοψηφία του πληθυσμού δεν είναι ζωντανή, και η συναισθηματική σας προσκόλληση σε αυτούς είναι μια ψευδαίσθηση. Έτσι, όταν υποφέρετε από την απογοήτευση και την προδοσία, στην πραγματικότητα υποφέρετε από τις δικές σας ψευδαισθήσεις που διαλύονται στο μυαλό σας. Όσο πιο συνειδητοί γίνεστε, τόσο περισσότερο συνειδητοποιείτε πόσο κακοί είναι οι άνθρωποι, επειδή το κακό σχετίζεται με το ασυνείδητο. Με αυτή τη συνειδητοποίηση, βλέπετε ότι δεν έχετε ποτέ να κάνετε με πραγματικούς ανθρώπους, αλλά με πτώματα που οδηγούνται από ζωώδη ένστικτα, παρακινούμενα από ένα πολύ χαμηλό επίπεδο ενέργειας. Αυτή η συνειδητοποίηση δεν σας κάνει χειρότερο άνθρωπο, ακόμα κι αν οι άλλοι το βλέπουν έτσι. Σας κάνει πιο ενσυναισθητικούς και ρεαλιστές, επειδή θα μπορείτε να βλέπετε ποια άτομα αφυπνίζονται, και με αυτή την ικανότητα θα μπορείτε να συνδεθείτε με τους σωστούς ανθρώπους πιο γρήγορα.

Όταν γίνεστε επιτυχημένοι έξω από το κυρίαρχο ρεύμα, γίνεστε ανεπιθύμητο πρόσωπο για όσους εξαρτώνται από το σύστημα για να επιβιώσουν, αλλά θαυμάζεστε επίσης πολύ από εκείνους που χρειάζονται περισσότερη αλήθεια και ειλικρίνεια στη ζωή τους και σας βλέπουν ως φως στο δρόμο τους. Αυτό σημαίνει να είσαι φωτισμένος. Αυτό γίνεται αντιληπτό σε σύντομες χρονικές περιόδους και ανάλογα με την πλαισίωση της στάσης μας. Αυτό συνέβαινε σίγουρα με τους αρχαίους φιλοσόφους της Ελλάδας, οι οποίοι σκέφτονταν για θέματα που αγνοούνταν ή και απορρίπτονταν από τους περισσότερους ανθρώπους της εποχής τους. Αν σκεφτούμε ότι πολλοί από αυτούς συζητούσαν για την ευτυχία, μπορούμε να δούμε ότι αυτό αποτελούσε μείζον πρόβλημα για τους ανθρώπους τους, επειδή ήταν δυστυχισμένοι. Πολλοί από αυτούς τους φιλοσόφους εκδιώχθηκαν από τις πόλεις τους.

Στις μέρες μας, το πιο πολυσυζητημένο θέμα είναι τα χρήματα, επειδή οι άνθρωποι έχουν ανακαλύψει ότι δεν αρκεί η ευτυχία, όπως έλεγαν αυτοί οι φιλόσοφοι, αλλά είναι απαραίτητο να έχει κανείς κοινή λογική. Οι Έλληνες φιλόσοφοι συμφωνούσαν ότι αν έχεις αρκετό φαγητό, ένα σπίτι και μια φυσιολογική ζωή, θα πρέπει να είσαι ευτυχισμένος, αλλά οι άνθρωποι σήμερα δεν βλέπουν τα πράγματα με αυτόν τον τρόπο. Τώρα τα βλέπουν ως απαραίτητα. Παλαιότερα δεν ήταν απαραίτητα, ήταν σπάνια, γι' αυτό και τείνουμε να βλέπουμε τα πράγματα που υποτιμούμε περισσότερο ως σημαντικά μόνο όταν δεν τα έχουμε. Οι πεποιθήσεις, οι ανάγκες και οι αξίες μας, καθώς και οι κουλτούρες μας, είναι εφήμερες, φανταστικές και γελοίες, γι' αυτό και μπορούν να διατηρηθούν μόνο στα μουσεία. Καθώς εξελισσόμαστε, βρισκόμαστε απομονωμένοι από την κουλτούρα της γέννησής μας, και αυτό είναι καλό, είναι κάτι που πρέπει να επιθυμούμε, όχι να αποφεύγουμε.

Δυστυχώς, πολλοί άνθρωποι έχουν λανθασμένες πεποιθήσεις για τη ζωή και τις επιλογές που κάνουν. Σπάνια σκέφτονται ότι οι πεποιθήσεις τους είναι λανθασμένες. Κάτι τέτοιο θα σήμαινε ότι η προσωπικότητά τους είναι λανθασμένη. Είναι μια επίθεση στο εγώ που δεν θέλουν να δεχτούν. Έτσι, η δικαιολόγηση των αποτελεσμάτων γίνεται φυσική γι' αυτούς, οι οποίοι βλέπουν την ευθύνη στους άλλους ή κάποια εγκληματική πράξη σε αυτούς. Το κάνουν αυτό επειδή, γι' αυτούς, το να είσαι διαφορετικός σημαίνει να είσαι λάθος και το να είσαι λάθος σημαίνει να ενεργείς ενάντια στο νόμο. Μπορείτε να δείτε αυτόν τον παραλληλισμό σε όλη την ιστορία. Για παράδειγμα, κάποιοι άνθρωποι με μισούν επειδή γνωρίζουν λιγότερα από εμένα. Αντί να υποθέσουν ότι είναι πολύ αδαείς, πιστεύουν ότι παίρνω τις πληροφορίες μου από κάποια μυστική υπηρεσία και ότι δεν θα έπρεπε να ξέρω περισσότερα από ό,τι εκείνοι. Στο όχι και τόσο μακρινό παρελθόν, πολλοί άνθρωποι που γνώριζαν περισσότερα φυλακίστηκαν, βασανίστηκαν και δολοφονήθηκαν μόνο και μόνο επειδή γνώριζαν περισσότερα από τους περισσότερους. Τώρα, υφίστανται διακρίσεις εξαιτίας της ίδιας στάσης που επικρατούσε και στο παρελθόν.

Κεφάλαιο 23: Πολιτιστική τοξικότητα και η διαφθορά του εαυτού

Οι δικαιολογίες και οι εξηγήσεις των ανθρώπων μπορεί να ποικίλλουν, αλλά δεν εξελίσσονται, πράγμα που σημαίνει ότι μπορούν να εφεύρουν πολλές εξηγήσεις για πράγματα που δεν καταλαβαίνουν, αλλά δεν μπορούν να δεχτούν τίποτα που είναι πάνω από τη νοητική τους κατάσταση, πόσο μάλλον να το δουν ως πολύ κατώτερο από αυτό που θα ήταν επιθυμητό. Αυτό είναι εμφανές σε πολλές ομάδες που θεωρούν τους εαυτούς τους ανώτερους από όλους τους άλλους, είτε στην πολιτική είτε στη θρησκεία. Όσο περισσότερο οι άνθρωποι αισθάνονται σύγκρουση συμφερόντων με τα παρατηρήσιμα γεγονότα, τόσο περισσότερο απορρίπτουν τις παρατηρήσεις τους και τόσο λιγότερο ψάχνουν μέσα τους για απαντήσεις, επειδή αυτές οι απαντήσεις είναι συνήθως δυσάρεστες.

Συμβαίνει τότε εκείνοι που βλέπουν περισσότερο την αλήθεια να παραμερίζονται από την αδυναμία των άλλων να δεχτούν οτιδήποτε έρχεται σε σύγκρουση με τις εγωιστικές τους απόψεις. Σε πολλές από αυτές τις ομάδες, στην πραγματικότητα με αποκαλούν εγωιστή, γιατί αν οι άνθρωποι δεν μπορούν να σε κάνουν να συμφωνήσεις μαζί τους, νομίζουν ότι εσύ έχεις πρόβλημα εγωισμού και όχι αυτοί. Δεν είναι ενδιαφέρον αυτό; Οι άνθρωποι καταλήγουν να σας προσβάλλουν με τα δικά τους προβλήματα, επειδή είναι πολύ ηλίθιοι για να ακούσουν τα ίδια τους τα λόγια και να αναγνωρίσουν σε ποιον απευθύνονται.

Το μη αλαζονικό άτομο ακούει και συζητά με γεγονότα, επειδή είναι πρόθυμο να αλλάξει γνώμη όταν έρθει αντιμέτωπο με μια ανώτερη αλήθεια. Αλλά το αλαζονικό άτομο δεν μπορεί να το κάνει αυτό και αντ' αυτού προσπαθεί να συμπαρασύρει αυτή την ανώτερη αλήθεια με προσβολές, ψευδείς κρίσεις που δεν έχουν καμία σχέση με την πραγματικότητα και παράλογες δικαιολογίες που αγνοούν τα πιο προφανή γεγονότα και την κοινή λογική. Επειδή οι αλαζόνες είναι αλαζόνες, δεν μπορούν να δουν ότι είναι αλαζόνες. Αυτός είναι ο λόγος για τον οποίο πολλοί μασόνοι και ροδόσταυροι, όταν αναζητούν τη διαφώτιση, βρίσκουν περισσότερο σκοτάδι. Όσο περισσότερο ταξίδευα και συναναστρεφόμουν με πολλούς από αυτούς σε διάφορες χώρες, τόσο περισσότερο συνειδητοποιούσα ότι είναι από τους πιο ηλίθιους ανθρώπους που έχω συναντήσει ποτέ. Δεν συνδέω μια ομάδα με μια συγκεκριμένη συμπεριφορά, αλλά δηλώνω το γεγονός ότι πολλοί άνθρωποι που αναζητούν τη διαφώτιση έχουν βρει περισσότερο σκοτάδι, επειδή δεν έχουν την ικανότητα να αλλάξουν τον εαυτό τους, και οι τελετουργίες σίγουρα δεν τους βοηθούν καθόλου. Πολλοί πιστεύουν ότι η αξία είναι κατά κάποιο τρόπο ένα μυστικό που πρέπει να προστατεύεται και να μη μοιράζεται. Γι' αυτό κάνουν πολλές ερωτήσεις αλλά δεν απαντούν τίποτα για τον εαυτό τους, χωρίς ποτέ να συνειδητοποιούν τους δικούς τους περιορισμούς.

Όταν μιλάμε με ειλικρίνεια, καταλήγουμε να καταλαβαίνουμε περισσότερα για τον εαυτό μας. Το να μιλάμε ειλικρινά είναι σημάδι ευφυΐας. Οι ηλίθιοι άνθρωποι δεν μπορούν να είναι ειλικρινείς γιατί βλέπουν την επικοινωνία ως πεδίο μάχης. Αυτό το είδος σκέψης είναι πιο συνηθισμένο μεταξύ των φτωχών εθνών. Οι άνθρωποι από αυτά τα έθνη είναι τόσο συνηθισμένοι στην έλλειψη που πιστεύουν ότι η ευτυχία είναι ένα περιορισμένο αγαθό. Έτσι, αν χαμογελάσετε περισσότερο ή δείξετε ότι ξέρετε περισσότερα από αυτούς, το θεωρούν αλαζονεία και κατάχρηση εξουσίας, σαν να μην έχετε το δικαίωμα να είστε αυτός που είστε, να είστε περήφανοι ή απλώς ευτυχισμένοι με τη ζωή. Αν θέλετε να μάθετε το εξελικτικό επίπεδο ενός έθνους, μπορείτε να χρησιμοποιήσετε αυτό το κριτήριο, γιατί γρήγορα γίνεται φανερό ότι η Πολωνία και η Λιθουανία είναι από τις λιγότερο ανεπτυγμένες στον κόσμο.

Ακολουθώντας την ίδια πεποίθηση, πολλοί άνθρωποι κρύβουν την ευτυχία τους, κρύβουν αυτό που τους κάνει υπερήφανους, όπως οι σχέσεις τους ή οι γνώσεις τους, επειδή δεν θέλουν να μάθουν οι άλλοι ότι βελτιώνονται. Αυτό είναι γελοίο, αλλά πολύ συνηθισμένο μεταξύ των ανθρώπων με ψυχικά προβλήματα που ζουν σε άρρωστα έθνη και κουλτούρες που προωθούν την ψυχική ασθένεια. Χωρίς να το συνειδητοποιούν, η ανάγκη τους να ενταχθούν και να έχουν μια ευχάριστη ύπαρξη τους οδηγεί στο να συμμορφώνονται με τα ιδανικά των γύρω τους. Ως αποτέλεσμα, παρά τις γνώσεις που συσσωρεύετε, διαφθείρεστε από την κουλτούρα στην οποία βρίσκεστε, όπως ένα φυτό που τρέφεται με δηλητηριώδες νερό.

Πολλές πτυχές που αποδίδονται σε μια κουλτούρα δεν είναι τίποτα περισσότερο από γενικευμένες τάσεις, όπως όταν οι Φιλιππινέζοι υποθέτουν ότι είναι φυσιολογικό να είναι αγενείς με τους ξένους, πολύ αργοί και εξαιρετικά ανίκανοι στη δουλειά. Αν πονάει το στομάχι σας επειδή σας πούλησαν χαλασμένο φαγητό, δεν θα το δουν ποτέ ως δικό τους πρόβλημα, αλλά ως δικό σας. Αυτή είναι η κουλτούρα. Αντιλαμβάνεστε ότι όσο η ψυχική υγεία των ανθρώπων μειώνεται, τόσο περισσότερο εγωκεντρικοί γίνονται.

Η τάση προς τον εγωκεντρισμό είναι επίσης η αιτία της μεγάλης μοναξιάς στον κόσμο. Ωστόσο, αυτό το φαινόμενο είναι επίσης παρόν σε πολλές θεραπευτικές πρακτικές, οι οποίες, αντί να βοηθούν τους ανθρώπους, τους βάζουν ακόμα περισσότερο σε αυτή την ασυνείδητη και εγωκεντρική κατάσταση. Στην πραγματικότητα, ποτέ δεν σκέφτηκα ότι ένας θεραπευτής θα μπορούσε να οδηγήσει κάποιον στην αυτοκτονία, μέχρι που ανακάλυψα ότι αυτό ήταν σύνηθες μεταξύ των Λιθουανών ψυχολόγων. Μια σωστή έρευνα θα έβαζε πολλούς από αυτούς στη φυλακή, αλλά αμφιβάλλω αν οποιαδήποτε κυβέρνηση θα είχε το θάρρος να αντιμετωπίσει ένα τέτοιο σκάνδαλο και να γίνει γνωστή στον υπόλοιπο κόσμο ως χώρα ψυχιατρικών εγκληματιών.

Κεφάλαιο 24
– Καταρρίπτοντας τα ψευδή παραδείγματα και αγκαλιάζοντας τις ευκαιρίες

Μπορούμε να κοιτάξουμε σε όλο τον πλανήτη και να δούμε ότι ο φόβος της αντιμετώπισης των προβλημάτων είναι εξίσου επιζήμιος με το να τα αφήνουμε να δημιουργούνται στην κοινωνία, ειδικά όταν αυτοί που εμπιστευόμαστε είναι το πρόβλημα: η κυβέρνηση, οι θεραπευτές και το εκπαιδευτικό σύστημα. Κάνετε μεγάλη χάρη στον εαυτό σας με το να είστε αφύσικος σε μια χώρα όπου είναι φυσιολογικό να είσαι τρελός. Επιπλέον, οι κυβερνήσεις δεν θα αποτρέψουν ποτέ τη μετανάστευση των πιο υγιών πολιτών, αν εστιάζουν μόνο στην οικονομική κατάσταση της χώρας, χωρίς να εξετάζουν και την κατάσταση της κουλτούρας. Μια χώρα θα είναι πάντα φτωχή όσο εστιάζει στις βασικές ανάγκες, όπως τα χρήματα για να επιβιώσει, και όχι σε αυτό που οδηγεί στην εκπλήρωση αυτών των αναγκών, όπως η ειλικρίνεια και η συμπόνια μεταξύ των ανθρώπων της. Σε γενικές γραμμές, είναι ευκολότερο να αλλάξουμε τη ζωή μας και να δημιουργήσουμε ένα νέο σύστημα από το να περιμένουμε αλλαγές σε ένα άλλο σύστημα. Ως αποτέλεσμα, η κοινωνία είναι πιο πιθανό να αποτύχει παρά να αλλάξει τον εαυτό της.

Τα έθνη γίνονται πλουσιότερα επενδύοντας στις ευκαιρίες και στην ποικιλομορφία των ατομικών προοπτικών και γίνονται φτωχότερα προσπαθώντας να τους ενώσουν όλους κάτω από τις ίδιες αξίες και πεποιθήσεις, ιδίως αν αυτές είναι θρησκευτικής ή πολιτικής φύσης. Ευκαιρία σημαίνει να έχεις την ελευθερία να επιλέξεις, και αυτή η ελευθερία έρχεται μόνο όταν βρίσκεσαι σε ένα πλούσιο περιβάλλον, με αλληλεπιδράσεις διαφορετικών προσωπικοτήτων, υπόβαθρων, αξιών κ.λπ. Αν εφαρμόσετε αυτή την αρχή στην προσωπική σας ζωή, θα διαπιστώσετε ότι αναπτύσσεστε με τον ίδιο τρόπο: μαθαίνοντας από ανθρώπους με διαφορετικό υπόβαθρο, ανθρώπους με διαφορετικές ιδέες και αμφισβητώντας τις πεποιθήσεις σας με νέες. Αναπτυσσόμαστε και αλλάζουμε πιο γρήγορα όταν αλληλεπιδρούμε με ανθρώπους που μας κάνουν να αμφισβητούμε τις αξίες μας, και μόνο τότε βρίσκουμε έναν τρόπο να είμαστε πιο ευτυχισμένοι από ό,τι είχαμε σκεφτεί ποτέ πριν. Αυτό το πετυχαίνετε πιο γρήγορα μέσα από βιβλία, ταξιδιώτες ή με το να γίνετε ταξιδιώτες.

Από την άλλη πλευρά, αν πάτε σε έναν ψυχολόγο αποφασισμένο να σας επαναφέρει στο μαντρί, είναι λιγότερο πιθανό να αξιοποιήσετε πλήρως τις δυνατότητές σας. Δεν πρέπει να εμπιστεύεσαι κάποιον μόνο και μόνο επειδή έχει ένα χαρτί που πιστοποιεί τις ικανότητές του, ακαδημαϊκές ή μη. Τα συστήματα δεν αποδεικνύουν τίποτα άλλο εκτός από την ικανότητά σας να αναπαράγετε. Αντ' αυτού, θα πρέπει να γνωρίζετε τι θέλετε και στη συνέχεια να αναζητήσετε εκείνους που μπορούν να σας βοηθήσουν να επιτύχετε τους στόχους σας.

Όλα όσα συμβαίνουν στη ζωή έχουν μια διπλή πλευρά, την οποία υπερβαίνουμε παρατηρώντας τις συνδέσεις και τα μαθήματα που πρέπει να πάρουμε. Μόνο τότε μπορούμε να δημιουργήσουμε νέα σενάρια, από τα οποία θα προκύψουν νέα μαθήματα και θα διαμορφωθεί μια νέα ταυτότητα βασισμένη σε προηγούμενες αντιλήψεις, αλλά ευθυγραμμισμένη με τους μελλοντικούς μας στόχους. Στην πραγματικότητα, μια από τις μεγαλύτερες γνώσεις που έχω αποκομίσει ταξιδεύοντας σε πολλές χώρες είναι ότι συχνά δεν εκτιμούμε τα πιο απλά πράγματα, αλλά μπορούν να κάνουν τεράστια διαφορά στο πώς αισθανόμαστε και ακόμη και στο πώς απολαμβάνουμε τη ζωή. Για παράδειγμα, ένα πανέμορφο τοπίο είναι απλώς μια ακόμη μέρα για τους ντόπιους, αλλά για κάποιον που το βλέπει για πρώτη φορά, είναι μια ευκαιρία να νιώσει ευλογημένος που ζει. Αυτό ισχύει ιδιαίτερα σε μέρη του κόσμου όπου οι άνθρωποι είναι δυσαρεστημένοι με την ύπαρξή τους επειδή είναι τόσο φτωχοί, αλλά η γη εξακολουθεί να είναι όμορφη.

Είναι επίσης ενδιαφέρον να παρατηρήσει κανείς πόσο εύκολα οι άνθρωποι κλείνουν την καρδιά τους εξαιτίας των αντιλήψεων των ανθρώπων γύρω τους, της δικής τους έλλειψης χρημάτων και ακόμη και των ταξιδιωτών που βλέπουν, επειδή πολλοί από αυτούς τους ταξιδιώτες βρίσκονται στην πραγματικότητα σε αυτά τα μέρη επειδή τα βρίσκουν αρκετά προσιτά και ευχάριστα ώστε να δικαιολογούν την ανταλλαγή της εργασίας ενός έτους με διακοπές μιας εβδομάδας. Ομοίως, είναι ενδιαφέρον να δούμε πώς οι άνθρωποι που λαμβάνουν μισθό από μια πλουσιότερη χώρα, αλλά επιλέγουν να ζουν σε φτωχότερες χώρες, έχουν καλύτερη ποιότητα ζωής. Στην πραγματικότητα, δεν βλέπω κανέναν λόγο να ζω σε μια ακριβή χώρα, όταν πολλά από τα πιο όμορφα έθνη του κόσμου είναι και τα πιο φτωχά. Αναζητούμε την άνεση και μια ευχάριστη ζωή συνδεδεμένη με τη φύση, ειδικά κοντά στην παραλία ή σε ένα τροπικό δάσος. Κατά βάθος, βρίσκουμε μεγαλύτερη ευτυχία σε μια στενότερη σχέση με τη φύση. Αυτή είναι μια μορφή πλούτου που δεν μπορεί να αποκτηθεί σε ένα πλούσιο αλλά ψυχρό έθνος, όπου η ζωή μας δεν είναι τίποτα περισσότερο από μια ρουτίνα 9 προς 5.

Βασικά, θέλουμε να μην χρειάζεται να ανησυχούμε για τα χρήματα και να μπορούμε να ζούμε όπου θέλουμε και να τρώμε ό,τι θέλουμε, αλλά αυτά τα χαρακτηριστικά ποικίλλουν ανάλογα με τις προτεραιότητές μας και το τι είμαστε διατεθειμένοι να θυσιάσουμε. Οι περισσότεροι άνθρωποι κάνουν λάθος για το τι θεωρούν σημαντικό, επειδή τα πράγματα που είναι πραγματικά σημαντικά δεν είναι μετρήσιμα. Είναι όλα σχετικά με τις ευκαιρίες που μπορούμε να εκμεταλλευτούμε. Όταν προκύπτουν αυτές οι ευκαιρίες, είναι ανόητο να μην τις εκμεταλλευτούμε, αλλά πολλοί άνθρωποι δεν το κάνουν, επειδή είναι προσηλωμένοι σε παλιά και λανθασμένα πρότυπα, που συνήθως επιβάλλονται από τους γονείς τους και την κοινωνία γενικότερα. Είναι σύνηθες να ακούμε να λένε ότι οι πλούσιοι άνθρωποι είναι θλιμμένοι ή ότι τα χρήματα οδηγούν στη μοναξιά, αλλά αυτό δεν είναι αλήθεια. Δεν είναι επίσης αλήθεια ότι περιφρονούν τα χρήματα ή ότι δεν θα έπαιζαν παιχνίδια που τους δίνουν την ιδέα ότι μπορούν να γίνουν πλούσιοι χωρίς προσπάθεια. Στους ανθρώπους αρέσει να λένε στον εαυτό τους ιστορίες που τους βοηθούν να αντιμετωπίσουν ρουτίνες που δεν μπορούν να αλλάξουν, και από εκεί προέρχονται οι δημοφιλείς πεποιθήσεις.

Κεφάλαιο 25: Η παρακμή των κοινωνικών αξιών και η άνοδος του εφησυχασμού

Οι περισσότεροι άνθρωποι υποφέρουν από απογοητεύσεις που δεν συνάδουν με τις προσπάθειες και τις πεποιθήσεις τους. Αυτό που θα έπρεπε πραγματικά να απεχθάνονται είναι η ίδια τους η άγνοια, η οποία εκδηλώνεται στις απογοητεύσεις τους, με πιο προφανή την έλλειψη χρημάτων. Στην πραγματικότητα, το να έχουν περισσότερα χρήματα διευρύνει τον κόσμο των δυνατοτήτων τους, επειδή ο χρόνος και η ποσότητα δεν αποτελούν πλέον ζήτημα. Μπορείτε να αγοράσετε περισσότερα και πιο γρήγορα, να ταξιδέψετε πιο μακριά και να σπαταλήσετε περισσότερα χρήματα από ό,τι πριν, χωρίς ιδιαίτερη σκέψη ή ανάλυση. Δεν χρειάζεστε περισσότερες γνώσεις για να βγάλετε περισσότερα χρήματα, αλλά χρειάζεστε περισσότερα χρήματα για να κάνετε περισσότερα λάθη που διευρύνουν τις γνώσεις σας για τη ζωή.

Η γνώση πριν από τα χρήματα είναι απλώς ένας δημιουργός δυνατοτήτων, αλλά χωρίς ευκαιρίες, πάει χαμένη. Ωστόσο, αυτό που προσφέρει η θεσμοθετημένη εκπαίδευση στους ανθρώπους είναι μια ψευδαίσθηση δυνατοτήτων, επειδή περιορίζει τις ευκαιρίες του ατόμου σε ένα συγκεκριμένο επάγγελμα και σε πολλές άχρηστες πληροφορίες που δεν θα χρησιμοποιήσει ποτέ στη ζωή του. Η αληθινή εκπαίδευση πρέπει να διευρύνει την ικανότητα του ατόμου να αναγνωρίζει και να προσαρμόζεται σε νέες ευκαιρίες, και αυτό είναι εφικτό μόνο μέσω της αυτομόρφωσης, δηλαδή διαβάζοντας βιβλία στα οποία άλλοι άνθρωποι μοιράζονται τις δικές τους εμπειρίες ζωής, ιδίως αυτοβιογραφίες.

Αξίζει επίσης να αναφερθεί ότι αν ένας εκπαιδευτικός προσπαθήσει να προωθήσει την αληθινή εκπαίδευση σε ένα σχολείο, αμέσως εξοστρακίζεται και επικρίνεται από τους συναδέλφους του, οι οποίοι έχουν μαθητεύσει από το ίδιο σύστημα να το επαναλαμβάνουν και να μην επιτρέπουν σε κανέναν να παρεκκλίνει από αυτό. Αυτός είναι ο λόγος για τον οποίο είναι αδύνατο να βρεθούν καλοί δάσκαλοι στο εκπαιδευτικό σύστημα. Ακόμη και οι ίδιοι οι μαθητές μου συχνά με επέκριναν επειδή δεν χρησιμοποιούσα βιβλία στην τάξη ή δεν έγραφα στον πίνακα. Πίστευαν ότι αυτό με έκανε ανοργάνωτο και λιγότερο ικανό δάσκαλο. Όμως, όπως τους εξήγησα, τα βιβλία δεν είναι προσαρμοσμένα στον πραγματικό κόσμο, πολλά είναι ξεπερασμένα και οι μέθοδοι που χρησιμοποιούνται στα βιβλία είναι επίσης κατώτερες από αυτές που μπορώ να προσφέρω χρησιμοποιώντας έναν υπολογιστή συνδεδεμένο με το διαδίκτυο στην τάξη. Ως εκ τούτου, το μόνο βιβλίο που είναι αρκετά καλό για μένα είναι αυτό που δημιούργησα ο ίδιος με βάση τα πολλά κείμενα που τους έδωσα. Τότε μου απάντησαν: «Μα είναι πιο εύκολο να μελετάς με ένα βιβλίο!»

Τους απάντησα: «Μπορείτε να συγκεντρώσετε όλες τις διαλέξεις που σας έδωσα, γιατί κάθε διάλεξη είναι σαν ένα κεφάλαιο, και θα έχετε ένα βιβλίο». Ωστόσο, δεν μπορούσαν να καταλάβουν τη σχέση μεταξύ της διδασκαλίας και ενός βιβλίου, επειδή θεωρούσαν ότι το βιβλίο ήταν ανώτερο από τη διδασκαλία, σαν το βιβλίο να ήταν μια Βίβλος που έπρεπε να ακολουθήσουν θρησκευτικά. Ο λόγος για τον οποίο θεωρούσαν το βιβλίο σημαντικό ήταν ότι είχαν συνηθίσει να βλέπουν όλους τους άλλους δασκάλους στη ζωή τους να χρησιμοποιούν ένα βιβλίο για να διδάξουν, χωρίς ποτέ να αμφισβητούν την ικανότητα αυτών των δασκάλων. Υπέθεσαν ότι η επανάληψη του ίδιου μοντέλου εργασίας τους έκανε ικανούς. Αντίθετα, με θεωρούσαν ανίκανο, και όχι το αντίθετο, απλώς και μόνο επειδή πίστευαν ότι πολλοί είχαν δίκιο και ότι αυτός που δούλευε διαφορετικά έκανε λάθος. Αυτή είναι μια συνηθισμένη υπόθεση που κάνουν οι άνθρωποι σε όλη τους τη ζωή για ό,τι παρατηρούν.

Το γεγονός ότι γράφω βιβλία θα έπρεπε να είναι αρκετά προφανές ως χαρακτηριστικό που με διαφοροποιεί θετικά ως ομιλητή, επειδή δεν μπορείς να γράψεις για αυτό που έχει ήδη ειπωθεί, αλλά ούτε αυτοί δεν μπορούσαν να το δουν αυτό. Η υπόλοιπη κοινωνία δεν κάνει αυτή τη σύνδεση μεταξύ του προσώπου και των βιβλίων με τον ίδιο τρόπο. Πολλοί άνθρωποι που με ρωτούν πώς να γράφουν βιβλία δεν έχουν απολύτως τίποτα καινούργιο να πουν. Θέλουν απλώς να νιώσουν σημαντικοί επαναλαμβάνοντας αυτά που άλλοι έχουν ήδη δημοσιεύσει. Ζούμε σε έναν πλανήτη ηλιθίων που επαναλαμβάνουν τα ίδια ηλίθια πράγματα. Κανείς δεν αναλύει και δεν σκέφτεται πραγματικά όλη αυτή τη βλακεία, και όσοι το κάνουν θεωρούνται λάθος από όλους τους άλλους. Σε έναν τέτοιο κόσμο, η αλήθεια συγχέεται με τη γνώμη. Ωστόσο, η αλήθεια δεν σχετίζεται με την προσωπική γνώμη. Μόνο σε έναν κόσμο ηλιθίων η αλήθεια σχετίζεται με την ποσότητα και όχι με την αποτελεσματικότητα.

Οι άνθρωποι θεωρούν αληθινό αυτό που βλέπουν πιο συχνά, όχι αυτό που λειτουργεί. Στην πραγματικότητα, οι άνθρωποι σπάνια σταματούν να σκέφτονται την αποτελεσματικότητα αυτών που λένε οι πολιτικοί τους. Αντ' αυτού, είναι πιο πιθανό να ακολουθήσουν αυτό που ακούνε και στη συνέχεια να κατηγορήσουν τους πολιτικούς που επέτρεψαν μια δημοκρατική εκλογή, γιατί αυτό συμβαίνει όταν οι άνθρωποι κατηγορούν τους πολιτικούς αφού τους ψηφίσουν, αντί να κατηγορούν τον εαυτό τους ή όσους είναι πολύ ηλίθιοι για να ψηφίσουν σωστά.

Στο παρελθόν, πολλοί βασιλείς επιλέγονταν από τον λαό με βάση τα χαρακτηριστικά που θεωρούνταν πολύτιμα στην προσωπικότητά τους. Τώρα, οι άνθρωποι ψηφίζουν αυτούς που τους κάνουν να πιστεύουν στα όνειρά τους. Στην πορεία, η κοινωνία έχει χάσει την αίσθηση του σκοπού της. Οι άνθρωποι έχουν συνηθίσει να αναπαράγουν αυτό που ήδη υπάρχει και να προσπαθούν να το διατηρήσουν ως έχει, χωρίς καμία αλλαγή. Σε μια τέτοια κοινωνία, εκείνοι που την απορρίπτουν είναι οι πιο ικανοί να εξελιχθούν, αλλά συχνά προσβάλλονται, απορρίπτονται και καταπιέζονται περισσότερο.

Κεφάλαιο 26 – Η υπέρβαση των δυαδικότητες και η στασιμότητα της θρησκείας

Μια από τις πιο συνηθισμένες ταμπέλες που δίνονται στα παιδιά που δεν μπορούν να προσέξουν στην τάξη είναι η ΔΕΠΥ (Διαταραχή Ελλειμματικής Προσοχής και Υπερκινητικότητας), η οποία δεν είναι τίποτα περισσότερο από ένα σύμπτωμα κάποιου που βαριέται να ακούει κάθε μέρα σκουπίδια κατά τα πιο σημαντικά χρόνια της ζωής του, όταν ο εγκέφαλός του αναπτύσσεται ακόμα. Η ΔΕΠΥ δεν είναι ασθένεια, αλλά μια φυσιολογική αντίδραση σε μια προσπάθεια παραβίασης της ταυτότητας ενός ατόμου με την καταστολή της φυσικής του ανάπτυξης. Δεν έχουμε επιδημία ψυχικών διαταραχών, αλλά μια τεράστια αύξηση του χάσματος μεταξύ της τεχνολογικής ανάπτυξης (και των ευκαιριών που τη συνοδεύουν) και της ψυχικής κατάστασης των ανθρώπων αυτού του κόσμου, οι οποίοι σκόπιμα κρατούνται σε μια διαρκή κατάσταση καθυστέρησης από εκείνους που επίσης υστερούν. Αυτή είναι η πραγματική αιτία της κατάθλιψης και των αυτοκτονιών στον κόσμο. Γιατί όταν ο εγκέφαλος καθίσταται ανίκανος να εξελιχθεί πέρα από τα αφομοιωμένα ψέματα, το άτομο τυφλώνεται στις αλλαγές που θέλει να δει.

Ένας από τους τρόπους για να ανακαλύψει κανείς αυτές τις αναγκαίες αλλαγές είναι να διαβάσει βιβλία, αλλά οι περισσότεροι άνθρωποι είναι ήδη πολύ μουδιασμένοι, απαθείς και χωρίς κίνητρο για να διαβάσουν οτιδήποτε. Όταν διαβάζουν, συνήθως ξεκινούν με κάποιο δημοφιλές, εύπεπτο βιβλίο που προφανώς επαναλαμβάνει περισσότερα ψέματα, αφού ο μόνος λόγος για τον οποίο ένα βιβλίο γίνεται δημοφιλές είναι για να ενισχύσει τις κοινές πεποιθήσεις. Η χειρότερη κριτική που μπορώ να δεχτώ ως συγγραφέας είναι: «Μου αρέσει αυτό το βιβλίο γιατί λέει αυτό που πάντα πίστευα». Αυτή η κριτική είναι τρομερή διότι, πρώτον, δεν λέει τίποτα για την ποιότητα του βιβλίου και, δεύτερον, ο σκοπός ενός βιβλίου δεν είναι να σας πει ότι έχετε δίκιο.

Πρέπει να διαβάζετε ένα βιβλίο όχι για να μάθετε αν έχετε δίκιο ή άδικο, σαν να δίνατε εξετάσεις στο σχολείο, αλλά για να ανακαλύψετε νέα πράγματα, πληροφορίες που θα σας βοηθήσουν να πάρετε σοφότερες αποφάσεις. Οτιδήποτε λιγότερο είναι σκουπίδια, γι' αυτό και δεν διαβάζω πάνω από τα μισά βιβλία που αγοράζω. Όταν συνειδητοποιώ ότι ο συγγραφέας απλώς μου δίνει τις προσωπικές του δικαιολογίες για όσα θεωρεί αληθινά και επιμένει να το κάνει με πολλές διαφορετικές λέξεις, λες και αν προσθέτοντας περισσότερα κεφάλαια στις ίδιες ανοησίες θα τις κάνει πιο λογικές, ξέρω ότι έχω να κάνω με έναν τρελό και ότι το βιβλίο του δεν αξίζει καμία προσοχή, είτε είναι δημοφιλές είτε όχι, και ο συγγραφέας, διάσημος ή όχι.

Ένα άλλο πολύ ανόητο πράγμα που έχω παρατηρήσει σε πολλούς ανθρώπους που ισχυρίζονται ότι διαβάζουν βιβλία είναι ότι ερωτεύονται την παλιά λογοτεχνία, όταν η νέα λογοτεχνία έχει ξεπεράσει σχεδόν όλα όσα έχουν γραφτεί ποτέ. Πολλοί άνθρωποι που συναντώ, ιδίως σε θρησκευτικές ομάδες, είναι τόσο απίστευτα ηλίθιοι που δεν μπορούν να πιστέψουν ότι γράφω καλύτερα βιβλία από οτιδήποτε έχουν διαβάσει ποτέ. Είναι ανίκανοι να δουν ότι αυτό που έχουν διαβάσει έχει ήδη ξεπεραστεί από τον τεράστιο όγκο πληροφοριών που είναι διαθέσιμες σήμερα και ότι, σε πολλές περιπτώσεις, οι συγγραφείς δεν είχαν καν φανταστεί ότι αυτό ήταν δυνατό. Δεν υπάρχει τίποτα πιο ανόητο από το να υποθέσουμε ότι κάποιος που έζησε πριν από εκατό χρόνια έγραψε καλύτερα βιβλία από εκείνους που ζουν σήμερα, αλλά αυτό πιστεύουν οι ανόητοι.

Η τεχνολογία δεν ήταν τόσο προηγμένη τότε, τα βιβλία δεν ήταν τόσο ευρέως διαθέσιμα, δεν υπήρχαν ψηφιακές πληροφορίες, δεν υπήρχε η δυνατότητα να κατεβάσετε ένα ολόκληρο βιβλίο σε δευτερόλεπτα ή να αναζητήσετε λέξεις σε ένα βιβλίο χρησιμοποιώντας λέξεις-κλειδιά. Δεν ήταν δυνατή η αναζήτηση πληροφοριών σε διαφορετικά βιβλία χίλιες φορές ταχύτερα από ό,τι πριν- οι μέθοδοι έρευνας δεν ήταν τόσο προηγμένες ή αποτελεσματικές όσο είναι σήμερα- δεν υπήρχαν τόσα πολλά ερευνητικά άρθρα διαθέσιμα όσο σήμερα, ούτε τόσες έρευνες που γίνονταν από τόσα πολλά πανεπιστήμια. Ωστόσο, πολλοί άνθρωποι εξακολουθούν να πιστεύουν ότι αυτοί οι συγγραφείς έγραψαν καλύτερα βιβλία. Πρέπει να είσαι διανοητικά καθυστερημένος για να το πιστέψεις αυτό, και γι' αυτό έχω χάσει το ενδιαφέρον μου για όλες τις θρησκείες των οποίων τα μέλη σκέφτονται με αυτόν τον τρόπο. Πρέπει να είσαι πολύ ηλίθιος για να μη βλέπεις τη διαφορά μεταξύ του παλιού και του νέου κόσμου.

Ο μόνος λόγος που διαβάζω πολλά βιβλία που γράφτηκαν πριν από χιλιάδες χρόνια είναι για να συγκρίνω τις δύο πραγματικότητες και να διαπιστώσω πώς άλλαξαν οι πεποιθήσεις και πώς ο κόσμος έγινε αυτό που είναι σήμερα. Ο μόνος λόγος για τον οποίο εξετάζω παλιά πράγματα είναι για να μελετήσω την ιστορία και τα πρότυπα. Αυτό είναι κάτι που όλοι στον τομέα της επιστήμης το γνωρίζουν, αλλά οι ηλίθιοι νομίζουν πάντα ότι το ηλίθιο μυαλό τους είναι καλύτερο από τις αποδείξεις. Τότε οι μασόνοι, οι ροδόσταυροι και τα μέλη άλλων άκρως μυστικοπαθών ομάδων με ρωτούν πώς είναι δυνατόν να γνωρίζω περισσότερα από αυτούς, λες και τα πράγματα που διαβάζουν δεν είναι διαθέσιμα στον καθένα για να τα διαβάσει και να τα καταλάβει.

Το μόνο μυστικό στον σημερινό κόσμο δεν έγκειται στη γνώση, αλλά στην έλλειψη ικανότητας του καθενός να κατανοεί αυτά που διαβάζει ή να νομίζει ότι καταλαβαίνει, ενώ δεν καταλαβαίνει. Η αυτοπροκαλούμενη δυστυχία είναι το πραγματικό μυστικό, επειδή είναι προφανής αλλά αθέατη. Πολλοί άνθρωποι σε αυτόν τον κόσμο δυσκολεύονται να μάθουν. Η βλακεία είναι η πιο διαδεδομένη ασθένεια και επίσης αυτή που στοιχίζει τις περισσότερες ζωές. Σε κάθε τομέα, θα διαπιστώσετε ότι η αιτία θανάτου ήταν είτε μια προσωπική απόφαση είτε μια συλλογική απόφαση από την οποία οι άνθρωποι άντλησαν εκλογικεύσεις για να αποφύγουν την τιμωρία. Οι δικηγόροι ειδικεύονται στο να κρατούν τους πιο επικίνδυνους εγκληματίες μακριά από τη φυλακή, πληρώνοντας τη σωστή τιμή ανά ώρα. Ωστόσο, η πραγματική τραγωδία είναι ότι οι άνθρωποι αντιστέκονται βίαια σε όσους προσπαθούν να τους διδάξουν, όπως όταν τους δείχνω ότι παρερμηνεύουν τα ίδια τους τα βιβλία και θυμώνουν και με προσβάλλουν ως απάντηση.

Η ικανότητα διάκρισης μεταξύ του παλιού κόσμου και του νέου κόσμου που αλλάζει μπροστά στα μάτια μας δεν έχει να κάνει με το αν είμαστε παραδοσιακοί ή μοντερνιστές, αλλά μάλλον με το να έχουμε την ικανότητα να βλέπουμε πώς έχει εξελιχθεί η κατανόηση της ζωής μας. Μόνο ένα ρευστό μυαλό μπορεί να δει έναν κόσμο που αλλάζει συνεχώς. Μόνο ένα πολύ αδαές μυαλό θα σκεφτεί ότι η ζωή είναι στατική, ότι δεν αλλάζει ποτέ. Αυτή είναι η θεμελιώδης διαφορά ανάμεσα στο να βλέπεις τον κόσμο ως μια δυαδικότητα του σωστού και του λάθους και στο να μπορείς να δεις την εξέλιξη ως ένα μονοπάτι που υπερβαίνει τις δυαδικότητες και τις επιλογές. Σε ένα βασικό επίπεδο, η άρνηση να συνειδητοποιήσουμε αυτές τις διαφορές ή η αδυναμία να συγκρίνουμε τις δύο πραγματικότητες μπορεί να θεωρηθεί ως έλλειψη διάκρισης ή απόλυτη άγνοια, αλλά πέρα από αυτό, είναι πραγματικά μια βαθιά κατάσταση νοητικής καθυστέρησης, ένας βαθύς ύπνος της ψυχής.

Μερικοί άνθρωποι είναι κυριολεκτικά πολύ αργοί για να δουν την πραγματικότητά τους όπως είναι. Ζουν σε έναν φανταστικό κόσμο στον εγκέφαλό τους, και οι θρησκείες τους φαίνεται να είναι μια σύνθεση όλης αυτής της παραφροσύνης, ώστε να αισθάνονται άνετα με αυτό που αντιλαμβάνονται ως εξωτερικές απειλές για το status quo. Βαρέθηκα πολύ με τις ομάδες που παρακολουθούσα, επειδή έπρεπε πάντα να ακούω πολύ βασικά πράγματα που ήταν κοινή λογική ή απλά ηλίθια. Ως αποτέλεσμα, έχασα τον σεβασμό μου για όλες τις θρησκείες, από τις πιο δημοφιλείς μέχρι τις πιο αποκρυφιστικές. Είναι εύκολο να χάσεις το ενδιαφέρον σου για τη θρησκεία όταν συνειδητοποιείς ότι οι άνθρωποι συμπεριφέρονται σαν παιδιά που προσπαθούν να συζητήσουν την κβαντική φυσική με βάση τις πεποιθήσεις τους για τον Πίτερ Παν και τη Σταχτοπούτα.

Κεφάλαιο 27: Ο διεστραμμένος κύκλος της σύγχρονης δουλείας και η διέξοδος

Δεν μπορείς να μιλάς για πνευματικότητα αν αυτό που ασκείς είναι μια νοητική τελετουργία στην οποία προσπαθείς να πάρεις ευχαρίστηση από ανοησίες, χωρίς να αλλάξεις τη σκέψη σου. Αυτό δεν διαφέρει πολύ από αυτό που θα συνέβαινε αν βάζατε αρκετούς ψυχικά ασθενείς σε ένα δωμάτιο και συζητούσατε για την πραγματικότητα. Δεν είναι επίσης πολύ διαφορετικό από αυτό που έκαναν οι άνθρωποι χιλιάδες χρόνια πριν, όταν πειραματίζονταν με διάφορα κοκτέιλ ναρκωτικών για να προσπαθήσουν να επικοινωνήσουν με τον Θεό και στη συνέχεια έγραφαν βιβλία για αυτές τις εμπειρίες, τα οποία έγιναν το δόγμα της κυρίαρχης θρησκείας. Οι άνθρωποι σε αυτές τις ομάδες νομίζουν ότι τους προσέβαλα αποκαλώντας τους τρελούς, αλλά εγώ περιέγραφα γεγονότα - δηλώνοντας παρατηρήσιμα μοτίβα - που δεν ήταν αρκετά εξελιγμένοι για να τα αποδεχτούν, επειδή δεν μπορούσαν να δουν το ίδιο πράγμα.

Δεν διαφέρουν καθόλου από τους προγόνους τους που, χιλιάδες χρόνια πριν, επαναλάμβαναν τελετουργίες βασισμένες στις ιδέες κάποιου που έπαιρνε ναρκωτικά με παραισθησιογόνα μανιτάρια και δηλητήριο φιδιού για να αποκτήσει βαθύτερη γνώση της ζωής. Ο μυστικισμός γύρω από τα ιερά ποτά που αποτελεί τη λαογραφία των περισσότερων θρησκειών, από τον παγανισμό και την ελληνική μυθολογία μέχρι τον σύγχρονο χριστιανισμό, δεν είναι τίποτα περισσότερο από μια τελετουργία γύρω από ένα ειδικό ναρκωτικό που αποτελείται από άγνωστα συστατικά, όπως ακριβώς κάνουν οι σύγχρονες μάρκες ποτών όπως η Coca-Cola όταν προσφέρουν το ποτό τους στους ανθρώπους χωρίς να αποκαλύπτουν τα συστατικά. Στην πραγματικότητα, η Coca-Cola δεν είναι τίποτα περισσότερο από ένα ποτό εμπνευσμένο από μια τελετουργία που ξεκίνησε με τη χρήση πραγματικών φύλλων κόκας, εξ ου και η απίστευτη δημοτικότητα που έχει αποκτήσει σε όλο τον πλανήτη. Ακόμα και στον καθολικό Πάπα Λέοντα XIII άρεσε τόσο πολύ αυτό το ποτό με βάση την κοκαΐνη που βοήθησε στη διάδοσή του. Σήμερα, οι χριστιανοί τελούν τη λειτουργία με κρασί, κάτι που είναι εξίσου παράλογο με οτιδήποτε άλλο, αλλά δεν παύει να θυμίζει το παρελθόν. Δεν προκαλεί καν έκπληξη το γεγονός ότι τόσοι πολλοί συγγραφείς πιστεύουν ότι πρέπει να είναι μεθυσμένοι για να γράψουν καλά, βασιζόμενοι στις ίδιες ιδέες. Ωστόσο, οι άνθρωποι πάντα πιστεύουν ότι η τρέλα ήταν στο παρελθόν, όχι στον σημερινό κόσμο.

Αν οι άνθρωποι γύρω σας δεν μπορούν να δουν πόσο διαστρεβλωμένο είναι το μυαλό τους και οι απόψεις τους για την πραγματικότητα, αλλά εσείς μπορείτε, η μόνη σας επιλογή είναι να τους αφήσετε πίσω σας. Η εναλλακτική λύση είναι να χάνετε κάθε διαφωνία με ανόητους που είναι αποφασισμένοι να σας κάνουν να νιώθετε και να πιστεύετε ότι είστε τρελοί, κάνοντάς σας να αμφισβητείτε με κάθε δυνατό τρόπο ό,τι λέτε. Για πολλά χρόνια της ζωής μου, πίστευα ότι ήμουν τρελός επειδή δεν ήξερα ότι ήμουν πιο προχωρημένος από όλους τους άλλους που ήξερα. Πίστευα ότι είχα κάτι να μάθω από τους άλλους και, ακόμα χειρότερα, πίστευα ότι άνθρωποι από τις πιο διαφορετικές θρησκείες με βοηθούσαν να βρω την αλήθεια. Μόνο πολύ αργότερα συνειδητοποίησα ότι οι άνθρωποι λένε ψέματα και υποτιμούν τους άλλους για να φανούν σωστοί και ποτέ δεν παραδέχονται τις δικές τους ανασφάλειες, τους περιορισμούς και την άγνοιά τους. Οι άνθρωποι είναι πολύ ανασφαλείς, εγωιστές και εγωκεντρικοί. Δεν έχουν καμία ενσυναίσθηση για τους άλλους γιατί το μόνο που θέλουν είναι η επιβεβαίωση για τον εαυτό τους. Η εστίασή τους είναι σε μια κατώτερη φύση, παρόλο που προσπαθούν να φαίνονται άγιοι και πνευματικοί.

Αυτή η προδοσία της εμπιστοσύνης μου με ανάγκασε να θεωρήσω τον εαυτό μου διανοητικά καθυστερημένο, επειδή για πολλά χρόνια ήμουν πολύ αφελής για να δω την καθυστέρηση των άλλων. Δεν μπορούσα να πιστέψω ότι τόσοι πολλοί άνθρωποι, σε τόσες πολλές διαφορετικές θρησκείες, θα μπορούσαν να είναι τόσο εγωιστές, εγωκεντρικοί και κακοί ώστε να χειραγωγούν πληροφορίες για να ταιριάζουν αυτά τα τρία χαρακτηριστικά στην προσωπικότητά τους. Μόνο όταν τελικά το συνειδητοποίησα αυτό, όλα φωτίστηκαν για μένα και είδα πόσο άσχημοι είναι όλοι, νιώθοντας ότι βρισκόμουν σε έναν φρικτό κόσμο αηδιαστικών τεράτων που είχαν εμμονή με τη βρωμιά τους. Τότε μπόρεσα να απελευθερωθώ, γιατί συνειδητοποίησα ότι μόνο εγώ μπορούσα να μου δώσω τις απαντήσεις που χρειαζόμουν. Λαμβάνοντας υπόψη τον αριθμό των ετών που περνάμε εξαπατώμενοι και χαμένοι, αυτό το ταξίδι καταναλώνει σχεδόν ολόκληρη την ύπαρξή μας. Φαίνεται πιο εύκολο να τα παρατήσουμε, αλλά δεν υπήρχε άλλη επιλογή για μένα από το να δημιουργήσω έναν νέο κόσμο. Στην πραγματικότητα, όσο περισσότερα γνωρίζω, τόσο λιγότερο μπορώ να ζήσω με τη βρωμιά που οι άλλοι έχουν δημιουργήσει για τον εαυτό τους.

Το χρήμα, φυσικά, γίνεται πολύ σημαντικό όταν θέλεις να ξεφύγεις από αυτόν τον κόσμο των τρελών, και είναι περίεργο ότι είναι το πιο σκληρά επιτιθέμενο θέμα μεταξύ τους. Ωστόσο, δεν θα έχετε την ελευθερία σας μέχρι να έχετε αρκετά χρήματα για να την αγοράσετε. Μέχρι τότε, θα παραμείνετε σκλάβος του συστήματος. Θα χρειαστείτε μια δουλειά και έναν μισθό που μόλις και μετά βίας θα καλύπτει το ενοίκιο και το φαγητό σας. Θα εργάζεστε για την αποδοχή των άλλων για να διατηρήσετε τη δουλειά σας, οπότε δεν θα μπορείτε να αποταμιεύσετε αρκετά χρήματα για να ταξιδέψετε για μεγάλο χρονικό διάστημα, ακόμη και αν θέλετε να ζήσετε για λίγο έναν διαφορετικό τρόπο ζωής. Επίσης, δεν θα έχετε αρκετό χρόνο για να διαβάσετε βιβλία ή να μελετήσετε νέα πράγματα, πόσο μάλλον για να μάθετε νέες γλώσσες και να αναπτύξετε νέες δεξιότητες, επειδή θα είστε πολύ κουρασμένοι για να κάνετε οτιδήποτε από αυτά τα πράγματα.

Αυτό είναι στην πραγματικότητα η δουλεία: η ανταλλαγή του χρόνου και του μυαλού σας με χρήματα που δεν κάνουν τίποτα για εσάς παρά μόνο σας κρατούν ζωντανούς ώστε να συνεχίσετε να αναπαράγετε το ίδιο σύστημα όπως είναι. Και επειδή αυτός ο κύκλος είναι τόσο διεστραμμένος, πολλοί από αυτούς που ξυπνούν ξανακοιμούνται όταν συνειδητοποιούν ότι βρίσκονται σε μια φυλακή από την οποία δεν μπορούν να ξεφύγουν. Υπάρχει διέξοδος, αλλά απαιτεί προσπάθειες που δεν έχετε σκεφτεί ποτέ και πολλές θυσίες που μπορεί να είναι εξαιρετικά επώδυνες συναισθηματικά και διανοητικά. Τουλάχιστον, θα πρέπει να αφιερώσετε τον μοναδικό σας ελεύθερο χρόνο για να μάθετε όσο το δυνατόν περισσότερα και θα σπαταλήσετε πολύ από αυτόν τον χρόνο διαβάζοντας τα λάθος βιβλία και ακούγοντας τους λάθος ανθρώπους. Μέχρι να συνειδητοποιήσετε πού βρίσκεται η αλήθεια και πώς είναι, μπορεί να είστε σαραντάρηδες ή πενηντάρηδες και να έχετε πολύ λιγότερη ενέργεια απ' ό,τι στα είκοσί σας, αλλά αυτή είναι η μόνη σας ευκαιρία να βιώσετε την ελευθερία. Μπορείτε να φτάσετε εκεί αν συνειδητοποιήσετε ότι το σύστημα έχει αδύναμα σημεία, κενά που δημιουργούνται από τη συνεχή εξέλιξη και απαιτούν αξιόπιστους ειδικούς. Αν τοποθετηθείτε μπροστά από αυτή την εξέλιξη, θα πετύχετε.

Με αυτόν τον τρόπο πολλοί άνθρωποι έχουν γίνει πλούσιοι σε όλη την ιστορία. Μπορεί να συμφωνείτε ότι η πώληση πατάτας, σοκολάτας, ζάχαρης, καλαμποκιού ή κάρυ δεν θα σας κάνει πλούσιους, αλλά έτσι πλούτισαν πολλές οικογένειες στο παρελθόν. Σήμερα, οι άνθρωποι βρίσκουν πλούτο μέσα από νέες ευκαιρίες που ήταν αδιανόητες στο παρελθόν, όπως η πώληση καφέ και νερού. Είμαι βέβαιος ότι νέες ευκαιρίες θα συνεχίσουν να εμφανίζονται και θα είναι πιο προσιτές από ποτέ. Η ανάπτυξη του διαδικτύου είναι ένα παράδειγμα για αυτό, αν και οι περισσότεροι άνθρωποι που γνωρίζω, ειδικά στην Ευρώπη, είναι πολύ ηλίθιοι για να καταλάβουν πώς μπορεί κάποιος να βγάλει χρήματα από ένα ηλεκτρονικό κατάστημα και, προς μεγάλη μου έκπληξη, είναι αρκετά ηλίθιοι για να τους γελοιοποιήσουν.

Κεφάλαιο 28: Η πραγματικότητα των φτωχών εθνών και των άθλιων πολιτισμών.

Σ τον σημερινό κόσμο, θα πρέπει να είσαι αρκετά αδαής για να μην καταλάβεις πώς μπορείς να βγάλεις λεφτά μόνο με έναν ιστότοπο, αλλά προς έκπληξή μου, η συντριπτική πλειοψηφία του πληθυσμού σε ορισμένα μέρη του κόσμου δεν αντιλαμβάνεται πώς αυτά τα πράγματα συμβαίνουν μπροστά στα μάτια τους, ακόμη και όταν χρησιμοποιούν οι ίδιοι αυτούς τους ιστότοπους. Ένας από τους πιο ηλίθιους ανθρώπους που έχω συναντήσει ποτέ μου είπε κάτι που αντικατοπτρίζει τη νοοτροπία των ανθρώπων στην Ευρώπη. Είπε, αναφερόμενη σε μία από τις εταιρείες μου: «Δεν έχετε πραγματικά επιχείρηση, απλώς μεταπωλείτε ρούχα σε υψηλότερη τιμή και παίρνετε ένα ποσοστό από το κέρδος».

Την κοίταξα με δυσπιστία, καθώς δεν μπορούσα να πιστέψω ότι κάποιος μπορεί να είναι τόσο αδαής. Έτσι τη ρώτησα: «Πώς νομίζεις ότι κάποιος με επιχείρηση βγάζει χρήματα;» Δεν μπορούσε να απαντήσει. Αλλά εδώ είναι το καλύτερο μέρος: ήταν λογιστής. Ένας λογιστής που δεν ξέρει πώς βγάζει χρήματα μια επιχείρηση είναι κάτι που ακόμα δεν καταλαβαίνω. Είναι ακόμη χειρότερο: σκεφτείτε τους επιστήμονες που γνώρισα και μελετούσαν το DNA των ιών και δεν ήξεραν τι έκαναν και τις επιπτώσεις του σε μεγαλύτερη κλίμακα, και αυτό ήταν πριν από την εξάπλωση του κορονοϊού στην Ευρώπη το 2019. Με εκπλήσσει το γεγονός ότι αυτοί, που είναι ειδικοί, δεν μπορούν να δουν ότι η έρευνά τους θα μπορούσε να χρησιμοποιηθεί για την κατασκευή βιολογικών όπλων. Με γελοιοποίησαν ακόμη και όταν ρώτησα σχετικά. Οι άνθρωποι έχουν γίνει τόσο ηλίθιοι που δεν καταλαβαίνουν τίποτα για τον κόσμο τους. Όταν ταξιδεύω, αυτό γίνεται τόσο φανερό που έχω σταματήσει να ρωτάω τους ανθρώπους για τα ονόματα των δρόμων ή των εστιατορίων, επειδή ποτέ δεν είναι σε θέση να μου πουν για τα κτίρια ή τους δρόμους που περνούν καθημερινά.

Για παράδειγμα, πρόσφατα στην Αλβανία, έδειξα στους ντόπιους τη φωτογραφία ενός εστιατορίου και τους ρώτησα πού βρισκόταν, αλλά κανείς δεν μπορούσε να μου πει, ούτε καν οι ιδιοκτήτες ενός ξενοδοχείου και ενός κομμωτηρίου στην ίδια περιοχή. Έπρεπε να χρησιμοποιήσουν εικονικούς χάρτες στα κινητά τους τηλέφωνα για να ανακαλύψουν ότι το εστιατόριο βρισκόταν στον ίδιο δρόμο όπου εργάζονταν, κάτι που ήξερα ήδη χωρίς να ζω εκεί. Στην πραγματικότητα, γι' αυτό έκανα την ερώτηση. Τελικά, όμως, αυτοί οι ντόπιοι ήταν εξίσου εξυπηρετικοί με εμένα, που επισκεπτόμουν τη χώρα για πρώτη φορά. Αυτό θα πρέπει να σας πει όλα όσα πρέπει να ξέρετε για το μυαλό των ανθρώπων. Με αυτό εννοώ ότι είναι διανοητικά καθυστερημένοι και άχρηστοι για οτιδήποτε.

Αυτό το σενάριο κάνει πολλούς ανθρώπους να έχουν ανάμεικτα συναισθήματα όταν κάποιος μιλάει για την εξόντωση της πλειοψηφίας των ανθρώπων στον πλανήτη, επειδή δεν βλέπουν πώς τόσοι πολλοί άνθρωποι θα μπορούσαν να είναι χρήσιμοι ως πλάσματα που δεν σκέφτονται, δεν έχουν ελπίδα, δεν έχουν ενσυναίσθηση και δεν ξυπνούν. Τουλάχιστον όταν είναι πολύ ηλίθιοι και πολύ φτωχοί, μπορούν να έχουν κάποια συμπόνια για τους άλλους. Αλλά, όπως έχω δει σε πολλά έθνη, συμβαίνει το αντίθετο. Γίνονται πιο εγωιστές, αγανακτισμένοι και βίαιοι απέναντι σε αυτούς που έχουν ό,τι δεν έχουν αυτοί. Οι Φιλιππινέζοι, ειδικότερα, δεν είναι δυστυχισμένοι επειδή είναι φτωχοί, αλλά επειδή λένε ψέματα, χειραγωγούν και προσπαθούν να εξαπατήσουν τους ταξιδιώτες που επισκέπτονται τη χώρα τους. Είναι εξαιρετικά αγενείς και διεφθαρμένοι. Όχι μόνο έπρεπε να πληρώσω ένα τεράστιο ποσό για να φύγω από τη χώρα, αλλά έπρεπε επίσης να πληρώσω διεφθαρμένους υπαλλήλους κυβερνητικών γραφείων για να κάνουν αυτό για το οποίο τους πλήρωναν ήδη με τους μισθούς τους. Αυτό οφείλεται στο γεγονός ότι ο εκβιασμός και η διαφθορά είναι τόσο διαδεδομένα σε αυτό το έθνος που όλοι οι ξένοι που ήταν μπροστά μου πλήρωσαν στα γραφεία μετανάστευσης.

Η κατάσταση δεν διαφέρει στο τμήμα μετανάστευσης στο Διεθνές Αεροδρόμιο Ninoy Aquino της Μανίλας, όπου οι Φιλιππινέζοι ταξιδιώτες εμποδίζονται συνεχώς να επιβιβαστούν σε μια πτήση επειδή δεν πληρώνουν το άτομο που κάνει κατάχρηση της θέσης του και κάνει πολύ προσωπικές ερωτήσεις. Το έχουν συνηθίσει τόσο πολύ που όταν δεν έδωσα χρήματα στον υπάλληλο της υπηρεσίας μετανάστευσης για να εκτυπώσει ένα έγγραφο εξόδου από μια χώρα όπου δεν είχα καν γεννηθεί, αλλά απλώς πέρασα ως επισκέπτης, με ρώτησε: «Πού είναι τα χρήματά μου;». Χειρότερο από το να είσαι φτωχός είναι να είσαι ψεύτης και απατεώνας. Τι είδους άθλιο έθνος είναι αυτό, παρά το γεγονός ότι ισχυρίζεται ότι είναι χριστιανική πλειοψηφία;

Παρόμοιοι είναι οι Λιθουανοί και οι Πολωνοί, των οποίων η μιζέρια έγινε λιγότερο εμφανής από τότε που εντάχθηκαν στην Ευρωπαϊκή Ένωση. Από μόνοι τους, θα παρέμεναν το ίδιο μίζεροι όπως ήταν πάντα, διότι μια τρομερή κουλτούρα και ένας λαός χωρίς θετικές αξίες δημιουργούν ένα μίζερο έθνος. Και τίποτα δεν είναι πιο εμφανές από την έλλειψη ευγνωμοσύνης προς όσους τους βοήθησαν να βγουν από τη μιζέρια τους, γιατί έτσι ένας μίζερος λαός εκτιμά τη βοήθεια που έλαβε, ισχυριζόμενος ότι τα κατάφερε όλα μόνος του και ότι είναι ανώτερος από όλους τους άλλους. Αυτή η στάση ενισχύει μόνο την ανάγκη να τους εξοντώσουμε αντί να τους βοηθήσουμε, και καθιστά πολύ δύσκολο να σκεφτούμε την εξέλιξη από κάτω προς τα πάνω ή να νιώσουμε συμπόνια για αυτούς τους ανθρώπους όταν το έθνος τους καταστρέφεται από μια ξένη εισβολή.

Η ανθρώπινη φυλή αποτελεί πρόβλημα όταν αρνείται να εξελιχθεί ή όταν της αρνούνται την εξέλιξη, γι' αυτό και το σύστημα είναι ανταγωνιστικό προς τον εαυτό του. Όσο περισσότερο οι άνθρωποι βυθίζονται στο σύστημα και όσο περισσότερο το εμπιστεύονται, τόσο περισσότερο καθίστανται άχρηστοι ως άνθρωποι και τόσο περισσότερο υποφέρουν ως θύματα του συστήματος που προστατεύουν. Γι' αυτό ο εθνικισμός είναι ο τρόπος με τον οποίο ένας ηλίθιος λαός προστατεύει συλλογικές πεποιθήσεις που πρέπει να αλλάξουν. Ο εθνικισμός είναι η αποκρυστάλλωση ενός λαού σε μια περιοχή, που συμβολίζεται από μια σημαία. Αυτό δεν έχει κανένα νόημα σε ένα συνεχώς εξελισσόμενο τοπίο. Αλλά το χειρότερο είναι ο ρατσισμός, η ιδέα ότι το έθνος σου δεν αποτελείται από ένα πλήθος λαών από διαφορετικά μέρη του κόσμου, αλλά από μια ενιαία σοδειά ανθρώπων που καλλιεργήθηκε στα χωράφια πατάτας αυτής της γης από κάποια μυστηριώδη δύναμη που ονομάζεται Θεός.

Στην πραγματικότητα, εκείνοι που ξεφεύγουν από το σύστημα είναι τα πιο απαραίτητα στοιχεία για αυτό. Ωστόσο, δεν χρειάζεται να με πιστέψετε. Οι πολλές προσφορές εργασίας που έχω λάβει χωρίς να τις ζητήσω αποδεικνύουν την άποψή μου. Οι άνθρωποι θέλουν κάποιον σαν εμένα να διευθύνει τις εταιρείες τους, να διδάξει σε αυτούς και τους δασκάλους τους παιδαγωγική, να μιλήσει δημόσια και να τους βοηθήσει να αναπτύξουν μια επιχειρηματική στρατηγική. Δεν θέλουν να συνεργαστούν ή να μάθουν από κάποιον που δεν έχει τίποτα να πει ή να προσφέρει, εκτός από το να επαναλαμβάνει αυτό που ενστικτωδώς ξέρει ότι δεν λειτουργεί καλά. Και όμως, η ειρωνεία είναι ότι είμαι τόσο απαραίτητος όσο και μισητός. Οι άνθρωποι θέλουν να μάθουν όλα όσα ξέρω, αλλά είναι εξίσου ενεργητικοί στο να απορρίπτουν όλα όσα λέω. Είναι περήφανοι που με θαυμάζουν για όσα έχω πετύχει και δημιουργικοί στο να με προσβάλλουν επειδή δεν μπορώ να κάνω το ίδιο.

Κεφάλαιο 29: Η σκληρή αλήθεια για τη γονική ευθύνη και την επιτυχία

Το ενδιαφέρον με την εξέλιξη ως άνθρωπος είναι ότι σύντομα συνειδητοποιείς ότι δεν πρόκειται απλώς για μια απόφαση που επηρεάζει τη νοημοσύνη και την κοινωνική σου ζωή, αλλά ότι πρόκειται πραγματικά για μια εντελώς οργανική αλλαγή. Για παράδειγμα, άλλαξα αρκετές φορές τη διατροφή μου για να μειώσω τα επίπεδα κατάθλιψης και να παραμείνω συγκεντρωμένος και λιγότερο άρρωστος για μεγαλύτερα χρονικά διαστήματα. Άρχισα επίσης να γυμνάζομαι περισσότερο, καθώς συνειδητοποίησα τη σχέση μεταξύ του τρόπου λειτουργίας του εγκεφάλου μου και της ικανότητάς μου να σκέφτομαι αποτελεσματικά.

Τα χρήματα έχουν γίνει απαραίτητα στη ζωή μου για να ταξιδεύω περισσότερο και σε μεγαλύτερες αποστάσεις, γεγονός που με βοηθάει να παραμείνω συγκεντρωμένη, ενώ παρατηρώ νέους τρόπους ζωής και σκέψης. Στην ουσία, τα πάντα στη ζωή μου έχουν γίνει μέρος αυτού που είμαι, γι' αυτό και βρίσκω ηλίθιους τους ανθρώπους που μου λένε να χαλαρώσω και να δουλέψω λιγότερο. Αν σκεφτόμουν όπως αυτοί, θα είχα τη δική τους ζωή, όχι τη δική μου. Δεν μπορούν να έχουν τη ζωή μου επειδή αρνούνται να σκεφτούν όπως εγώ. Θέλουν τη ζωή μου με τον δικό τους τρόπο σκέψης, και αυτό είναι βλακεία: να θέλεις να προοδεύσεις χωρίς να αλλάξεις τον εαυτό σου.

Η ηθική είναι ευθυγραμμισμένη με αυτή την πρόοδο, επειδή είναι πιο πιθανό να παράγεις καλύτερα προϊόντα και να τα πουλάς πιο εύκολα αν είσαι αξιόπιστος και κατανοείς τις ανάγκες των πελατών σου. Αυτός είναι ο λόγος για τον οποίο διατηρώ μια άμεση σχέση με τους αναγνώστες μου, με αυθεντικότητα, σεβόμενος τα ενδιαφέροντα και τις ερωτήσεις τους.

Στην πορεία, έπρεπε επίσης να μάθω να αποδέχομαι ότι ορισμένα πράγματα δεν είναι συμβατά με αυτόν τον νέο τρόπο ζωής, συμπεριλαμβανομένης της σταθερής κοινωνικής ζωής. Προς το παρόν, είναι πιο πιθανό να συναντήσω ανθρώπους που δεν θα ξαναδώ ποτέ παρά να έχω μακροχρόνιους φίλους, και έχω μάθει να το δέχομαι αυτό ως κάτι θετικό. Οι περισσότεροι άνθρωποι δεν είναι ούτως ή άλλως πολύ μοναδικοί, οπότε όσο περισσότερους ανθρώπους συναντάς, τόσο περισσότερο συνειδητοποιείς ότι είναι ανίκανοι να αλλάξουν, επαναλαμβάνοντας την ίδια νοοτροπία, τις ίδιες πεποιθήσεις και συζητήσεις για πολλές δεκαετίες. Οι έξυπνοι, μοναδικοί και ευγενικοί άνθρωποι είναι σπάνιοι. Έχοντας αυτό κατά νου, η αφθονία που αντανακλάτε στους άλλους, η οποία είναι αφύσικη γι' αυτούς, γίνεται φυσιολογική για εσάς.

Για παράδειγμα, οι άνθρωποι πάντα με ρωτούν πώς κάνω φίλους τόσο γρήγορα, αλλά αν σκεφτεί κανείς ότι όλοι εξαφανίζονται, ειδικά μετά τα ταξίδια μου, και δεν απαντούν ποτέ στα μηνύματά μου, δεν το βλέπω σαν να κάνω πολλούς φίλους, αλλά σαν να γνωρίζω πολλούς ανθρώπους στην πορεία. Οι άνθρωποι με ρωτούν επίσης γιατί ανησυχώ τόσο πολύ για τα χρήματα, καθώς προφανώς δεν βλέπουν τη σχέση μεταξύ παραγωγικότητας, χρημάτων και εξόδων. Στην πραγματικότητα, θα πρέπει να θέλετε να μεγιστοποιήσετε τα κέρδη σας, ώστε να εργάζεστε λιγότερο και να έχετε τα ίδια αποτελέσματα, όχι περισσότερα, ενώ παράλληλα να μειώσετε τα έξοδά σας, ώστε να μην χρειάζεται να εργάζεστε περισσότερο. Δεν το καταλαβαίνουν αυτό επειδή ανταλλάσσουν τη ζωή τους με το χρόνο. Δεν εκτιμούν τον χρόνο ή την ελευθερία αρκετά ώστε να σέβονται αυτούς που το κάνουν. Γι' αυτό δεν εκτιμούν τα χρήματα, παρόλο που λένε ότι θέλουν περισσότερα από αυτά. Δεν μπορείς να πάρεις αυτό που δεν σέβεσαι. Αυτό ισχύει τόσο για τους ανθρώπους όσο και για το χρήμα, επειδή οι άνθρωποι εφηύραν το χρήμα για να διευκολύνουν τις συναλλαγές σε έναν εξαιρετικά δυσλειτουργικό, ανήθικο και εγωιστικό κόσμο, όπου οι ανταλλαγές ήταν πολύ δύσκολες και χρονοβόρες και η κλοπή και η διαφθορά ήταν παντού, όπως ακριβώς συμβαίνει και σήμερα. Ακριβώς επειδή οι άνθρωποι στερούνται ηθικών ιδιοτήτων, το χρήμα είναι τόσο σημαντικό. Ωστόσο, οι περισσότεροι άνθρωποι δεν φαίνεται να καταλαβαίνουν αυτά τα πράγματα, δεν καταλαβαίνουν πώς λειτουργεί η ίδια τους η ζωή.

Βασικά, αν τα χρήματα ήταν κακά, οι άστεγοι θα ήταν οι πιο ευτυχισμένοι άνθρωποι στον κόσμο. Άλλωστε, δεν είναι εκπληκτικό να βλέπεις ότι έχουμε εξελιχθεί επί τόσες χιλιάδες χρόνια για να φτάσουμε σε έναν κόσμο στον οποίο οι περισσότεροι άνθρωποι δεν έχουν ιδέα πώς φτιάχνονται τα χρήματα, πώς φυτεύονται και καλλιεργούνται οι πατάτες, τίποτα, καμία χρήσιμη γνώση, ούτε καν για την ιστορία τους ως λαός; Ωστόσο, οι παρατηρήσεις που κάνουμε για την πραγματικότητα που έχουμε καθορίζουν και τις επιλογές μας. Έτσι, όταν οι άνθρωποι βλέπουν λιγότερα, δεν καταλαβαίνουν ούτε αυτά τα πράγματα, ακόμα κι αν προσπαθήσεις να τους τα εξηγήσεις.

Μια από τις πιο ανόητες και συνηθισμένες συνέπειες αυτής της μαζικής άγνοιας είναι η εμμονή με τις γενετικές συσχετίσεις. Οι άνθρωποι πιστεύουν πραγματικά ότι ο άνδρας που παρείχε το σπέρμα και η γυναίκα που παρείχε το ωάριο κατά τη διάρκεια μιας στιγμής του σεξ είναι άτομα που πρέπει να λατρεύονται και να συνδέονται συναισθηματικά με αυτά για το υπόλοιπο της ζωής τους. Δεν συνειδητοποιούν ότι αυτός ο συσχετισμός είναι σχετικός με το τι έκαναν αυτά τα δύο άτομα για να προωθήσουν την επιβίωση και την επιτυχία των γιων και των θυγατέρων τους στη ζωή, και ότι σε πολλές περιπτώσεις αυτό που έκαναν ήταν ακριβώς το αντίθετο. Φαίνεται προσβλητικό να λέμε αυτά τα πράγματα σε πολλούς ανθρώπους, αλλά η αλήθεια είναι ότι οι περισσότεροι γονείς είναι απλώς χαμένοι που επαναλαμβάνουν την ίδια αδαή νοοτροπία στην επόμενη γενιά. Δεν αξίζουν τίποτα σε αντάλλαγμα. Οι μόνοι γονείς που αξίζουν κάτι από τους γιους και τις κόρες τους είναι εκείνοι που θυσιάζουν την ύπαρξή τους για να προσφέρουν μια καλύτερη εκπαίδευση στην επόμενη γενιά και ενθαρρύνουν τους γιους και τις κόρες τους να εργάζονται σκληρότερα και να επιμένουν, ανεξάρτητα από τα αποτελέσματα. Το έχω δει αυτό σε κινεζικές και ινδικές οικογένειες, αλλά όχι σε άλλα μέρη του κόσμου.

Συχνά η δικαιολογία είναι η έλλειψη χρημάτων για να δώσουν στα παιδιά τους μια σωστή εκπαίδευση, οπότε δεν νομίζω ότι θα έπρεπε να τα έχουν. Αυτή δεν είναι μια αρνητική άποψη για τη ζωή, αλλά ένας πρακτικός και θετικός τρόπος. Στην πραγματικότητα, αν έπρεπε να εξηγήσουμε την έννοια της θετικότητας, θα έλεγα ότι δεν βασίζεται στη θετική πτυχή, αλλά στην ικανότητα διάκρισης των ψυχικών καταστάσεων και στο πώς αυτές οδηγούν σε πολύ διαφορετικά αποτελέσματα και συμπεριφορές, επειδή δεν μπορείτε να δικαιολογήσετε τα αρνητικά γεγονότα όταν είναι προφανώς κακά. Στην πραγματικότητα, είναι ενδιαφέρον ότι στην κουλτούρα των Φιλιππίνων, τα παιδιά αποκαλούνται εγωιστές και ανήθικοι αν δεν θέλουν να βοηθήσουν την οικογένειά τους δίνοντάς τους μέρος του μισθού τους, ενώ στην πραγματικότητα ισχύει το αντίθετο: αν συλληφθήκατε σε συνθήκες φτώχειας, δεν χρωστάτε τίποτα σε ανθρώπους που δεν μπορούσαν να ελέγξουν τον εαυτό τους και ήταν αρκετά εγωιστές και ανήθικοι ώστε να σας φέρουν στη ζωή κατά τη διάρκεια μιας πράξης ευχαρίστησης για το σώμα τους. Πώς μπορεί ένα παιδί να χρωστάει τη ζωή του σε δύο ανθρώπους για κανέναν άλλο λόγο από το ότι έκαναν σεξ; Δεν βγάζει νόημα, παρά μόνο σε έναν πλανήτη που κατοικείται από ψυχικά ασθενείς.

Κεφάλαιο 30 – Λήψη τεκμηριωμένων αποφάσεων σε έναν κόσμο ψυχοπαθών

Μερικές φορές η συμπεριφορά που μπορεί να εκληφθεί ως αρνητική μπορεί να οδηγήσει σε θετικό αποτέλεσμα, ενώ η συμπεριφορά που μπορεί να εκληφθεί ως θετική μπορεί να οδηγήσει σε αρνητική συμπεριφορά. Για παράδειγμα, αν μια Βρετανίδα μπροστά μου στο λεωφορείο κρατάει μανιωδώς την τσάντα της σαν να πρόκειται να την κλέψω, εκείνη θεωρεί αυτή τη συμπεριφορά θετική, αλλά εγώ τη θεωρώ προσβλητική και εξαιρετικά ανόητη. Δεν ξέρει ότι συμπεριφέρεται διανοητικά καθυστερημένα, επειδή, για ένα άτομο με νοητική αναπηρία, το χρώμα του δέρματος ενός ατόμου καθορίζει τι μπορεί να αναμένεται από αυτό. Μια αρνητική συμπεριφορά με θετικές επιρροές θα ήταν να προσβάλει αυτή τη γυναίκα και να της δώσει ένα μάθημα για τις διακρίσεις, κάνοντας διακρίσεις εις βάρος της λόγω της έλλειψης νοημοσύνης της. Ωστόσο, πολλοί άνθρωποι αδυνατούν να δουν τη διαφορά μεταξύ των δύο καταστάσεων, γι' αυτό και πολλές αδικίες διαπράττονται στο όνομα του νόμου και της θρησκείας. Το βλέπουμε αυτό όταν οι Ηνωμένες Πολιτείες και το ΝΑΤΟ εισβάλλουν σε χώρες χρησιμοποιώντας ψέματα ως δικαιολογία και κανείς δεν διαμαρτύρεται. Ωστόσο, οι άνθρωποι αντιδρούν όταν η Ρωσία κάνει το ίδιο σε άλλα έθνη, ακόμη και όταν έχει μια έγκυρη δικαιολογία για να το κάνει.

Αυτή η υποκρισία, συνοδευόμενη από έλλειψη διάκρισης της πραγματικότητας, εκδηλώνεται επίσης στον τρόπο με τον οποίο οι άνθρωποι βλέπουν τον εαυτό τους, καθώς συχνά πιστεύουν ότι επειδή οι πλούσιοι έχουν πολλά, αυτοί έχουν λίγα. Μπορούμε όμως να το αναλύσουμε και σε μικρότερη κλίμακα, όπως όταν κάποιος μου ζητάει δουλειά και στη συνέχεια απαιτεί έναν πολύ υψηλό μισθό. Γιατί να πληρώσω περισσότερα για πράγματα που δεν έχουν καν γίνει; Αυτό που έχω παρατηρήσει σε πολλούς ανθρώπους είναι ότι δεν τους αρέσει να δουλεύουν, απλά πιστεύουν ότι αυτοί που έχουν περισσότερα πρέπει να μοιράζονται περισσότερα. Αλλά από πού προήλθαν τα χρήματά μου; Δεν ήταν ο καρπός της δικής μου εργασίας; Βλέπετε, υπάρχει ένα στοιχείο εγωισμού πίσω από αυτό που φαίνεται να είναι μια σοσιαλιστική άποψη για τη ζωή. Οι άνθρωποι πιστεύουν ότι δικαιούνται πράγματα χωρίς να κάνουν τίποτα για να τα κερδίσουν.

Καθώς όλο και περισσότεροι άνθρωποι παλεύουν με την ανεργία και προσπαθούν να ζήσουν από τον τουρισμό, άρχισα να παρατηρώ ξανά το ίδιο μοτίβο. Δηλαδή, με ξεγελούν για να κλείσω ένα διαμέρισμα που φαίνεται να έχει όλα όσα πλήρωσα, αλλά όταν φτάνω βλέπω κάτι άλλο: σκουριασμένα έπιπλα, ένα σπίτι που δεν είναι πολύ καθαρό, τίποτα που να μπορώ να χρησιμοποιήσω για να μαγειρέψω ή που είναι πολύ παλιό για να χρησιμοποιηθεί, και ούτω καθεξής. Στη συνέχεια, οι άνθρωποι αυτοί θυμώνουν πολύ όταν αποφασίζω να φύγω την επόμενη μέρα και ζητούν επιστροφή χρημάτων. Ποτέ, σε καμία περίπτωση που έχω συναντήσει, δεν θέλουν να επιστρέψουν τα χρήματα. Πιστεύουν πραγματικά ότι αυτά τα χρήματα είναι δικά τους και όχι το αποτέλεσμα μιας συναλλαγής που δεν έγινε ποτέ επειδή ήταν πολύ τεμπέληδες για να καθαρίσουν το σπίτι και έκαναν όσο το δυνατόν λιγότερα για να κρατήσουν έναν πελάτη. Συχνά πιστεύουν ότι είναι άδικο που αποφάσισα να φύγω. Τι ελπίδα έχουν αυτοί οι άνθρωποι;

Ο στόχος της ζωής τους είναι να εξαπατήσουν όσο το δυνατόν περισσότερους ανθρώπους, γιατί έτσι βλέπουν την ιδέα του να βγάλουν τα προς το ζην. Είναι ακόμη χειρότερο όταν δημοφιλείς ιστότοποι ενοικίασης ενθαρρύνουν αυτή τη συμπεριφορά, επειδή μοιράζονται την ίδια νοοτροπία και διαγράφουν όλες τις αρνητικές κριτικές που προειδοποιούν τους πελάτες για αυτές τις καταστάσεις. Με αυτόν τον τρόπο, οι εταιρείες αυτές καταφέρνουν να ξεγελάσουν όσο το δυνατόν περισσότερους ανθρώπους, ακόμη και αν οι πελάτες πέφτουν θύματα ληστείας και βιασμού στα διαμερίσματα που νοικιάζουν, κάτι που έχει συμβεί συχνά.

Οι άνθρωποι λένε τότε ότι το πρόβλημα στον κόσμο είναι η έλλειψη θέσεων εργασίας, επειδή βλέπουν μόνο την επιφάνεια. Δεν βλέπουν ότι η πλειονότητα των ανθρώπων δεν είναι κατάλληλοι για να αποτελούν μέρος της κοινωνίας και ότι η ύπαρξή τους αποτελεί πηγή προβλημάτων. Έχω υπάρξει φτωχός πολλές φορές στη ζωή μου και ποτέ δεν χρησιμοποίησα αυτή την κατάσταση για να δικαιολογήσω το ψέμα και την απάτη, οπότε δεν νομίζω ότι μπορεί να χρησιμοποιηθεί ως δικαιολογία. Στην πραγματικότητα, είναι αυτοί οι άνθρωποι που δικαιολογούν αυστηρότερους νόμους. Σε έναν κόσμο λογικών ανθρώπων, δεν θα υπήρχε ανάγκη για νόμους, διότι η κοινή λογική και η ειλικρίνεια θα ήταν οι πιο σημαντικοί και ευρέως γνωστοί νόμοι. Είναι μια ψυχικά άρρωστη κοινωνία που βλέπει την ανηθικότητα ως σύντομο δρόμο για περισσότερο κέρδος. Οι πολλοί ψυχοπαθείς που έχω γνωρίσει σε διάφορα μέρη του κόσμου και από διαφορετικά επαγγέλματα μου το δείχνουν αυτό όταν μου λένε: «Τι σε νοιάζει εσένα για τους άλλους ανθρώπους; Το τι κάνουν με αυτά που τους λες είναι δική τους δουλειά!»

Μπορούμε λοιπόν να συμπεράνουμε ότι δεν είναι αυτό που έχουμε που κάνει τη διαφορά, αλλά το πώς ζούμε τη ζωή μας. Αναφέρομαι, φυσικά, στις επιλογές που κάνουμε στην πορεία και στην κατεύθυνση που μας οδηγούν. Και, φυσικά, η γνώση των γεγονότων σχετικά με το περιβάλλον στο οποίο γίνονται οι επιλογές μας μπορεί να μας οδηγήσει σε ένα καλύτερο αποτέλεσμα. Για παράδειγμα, θα ήταν ανόητο να προσπαθήσουμε να κάνουμε μια τίμια καριέρα σε χώρες όπου οι περισσότεροι άνθρωποι είναι ψυχοπαθείς. Σε τέτοιες χώρες, είναι πιο πιθανό να γίνετε πλούσιοι και διάσημοι μέσω της βίας ή συναφών δραστηριοτήτων, όπως η συνεργασία με τον στρατό ή με ιδιωτικές εταιρείες ασφαλείας.

Μπορεί να ακούγεται γελοίο να λέει κανείς ότι το να είσαι μέλος των ενόπλων δυνάμεων μπορεί να σε κάνει πλούσιο, μέχρι να κοιτάξει χώρες όπως η Πορτογαλία και να συνειδητοποιήσει ότι οι ένοπλες δυνάμεις τους είναι τόσο διεφθαρμένες που μπορούν να μετατρέψουν οποιαδήποτε παράνομη διαδικασία σε νόμιμη και να κρατήσουν σημαντικούς ανθρώπους που εμπλέκονται στη διακίνηση όπλων μακριά από τη φυλακή. Δεν έχω ακούσει ποτέ για ούτε μία περίπτωση σε αυτή τη χώρα όπου ο στρατός έχει συλλάβει κάποιον για εγκληματική δραστηριότητα στο εσωτερικό του. Αντίθετα, στην Πορτογαλία, αν πεις στους άλλους ότι δουλεύεις για τον στρατό, οι άνθρωποι θα σε σεβαστούν, επειδή σε μια χώρα όπου η πλειοψηφία είναι ψυχοπαθείς, αυτοί που κάνουν κατάχρηση εξουσίας τείνουν να είναι οι πιο σεβαστοί.

Για τον ίδιο λόγο, οι πολιτικοί της εμπλέκονται συχνά σε υποθέσεις διαφθοράς και ξεπλύματος χρήματος, αλλά σπάνια μπαίνουν στη φυλακή. Ακόμα χειρότερα, ο πληθυσμός είναι αρκετά ανόητος ώστε να επανεκλέγει αυτούς που έχουν ήδη εκτίσει ποινή στο ίδιο πολιτικό αξίωμα που κατείχαν πριν. Πολλοί συνεχίζουν να έχουν πολιτική επιρροή παρά τα νομικά προβλήματα και τις ποινές φυλάκισης. Ένας αμόρφωτος λαός εκδηλώνεται πραγματικά με ηλίθιες αποφάσεις. Αλλά αν θέλεις να ασχοληθείς με γραφειοκρατικά θέματα σε αυτή τη χώρα, σε αντιμετωπίζουν σαν να προσπαθείς να κερδίσεις την εμπιστοσύνη έντιμων ανθρώπων. Με αυτόν τον τρόπο οι ψυχοπαθείς κρύβουν επίσης την ηλιθιότητά τους, επειδή πολλοί δημόσιοι υπάλληλοι δεν έχουν ιδέα τι κάνουν ή τι λέει ο νόμος. Αν προσλάβετε δικηγόρο σε αυτή τη χώρα, αυτός θα πει ψέματα για τα δικαιώματά σας προκειμένου να σας αποσπάσει όσα περισσότερα χρήματα μπορεί, επειδή σέβεται το νόμο ακόμη λιγότερο από οποιονδήποτε άλλον. Δεν είναι επίσης ασυνήθιστο για έναν Πορτογάλο δικηγόρο να προσπαθεί να βγάλει περισσότερα κέρδη από τους ανθρώπους που πολεμάτε, ώστε να χάσετε την υπόθεση. Μπορείτε να εξοικονομήσετε περισσότερα χρήματα προσλαμβάνοντας έναν ντετέκτιβ που θα συνοδεύει τον δικηγόρο σας, θα βρίσκει στοιχεία εναντίον του και θα βεβαιώνεται ότι κάνει σωστά τη δουλειά του.

Κεφάλαιο 31: Η αξία της διακριτικής ευχέρειας και της στρατηγικής επένδυσης

Ο τρόπος με τον οποίο ερμηνεύετε και παρατηρείτε τον κόσμο καθορίζει την κατεύθυνση που θα πάρει η ζωή σας, οπότε δεν μπορείτε να περιμένετε από τους άλλους να συμφωνούν μαζί σας καθώς εξελίσσεστε. Για παράδειγμα, οι περισσότεροι άνθρωποι ερμηνεύουν την ύπαρξή μου πολύ διαφορετικά από την πραγματικότητα. Πολλοί υποθέτουν ότι γράφω βιβλία για να ταξιδεύω, ενώ στην πραγματικότητα επέλεξα να γράψω βιβλία για να σταματήσω να εργάζομαι ως δασκάλα, διευθύντρια επιχειρήσεων ή σε οποιαδήποτε άλλη δουλειά που με ανάγκαζε να μένω στο ίδιο μέρος με τους ίδιους ανθρώπους κάθε μέρα. Αυτό είναι μια αρρώστια για μένα και είναι ανυπόφορο, ειδικά όταν δεν επέλεξα αυτούς τους ανθρώπους και πρέπει να προσποιούμαι ότι τους ανέχομαι κάθε μέρα.

Οι άνθρωποι νομίζουν επίσης ότι στόχος μου είναι να πάω παντού στον πλανήτη, ενώ στην πραγματικότητα στόχος μου είναι να μετακομίζω μόνο όταν είμαι δυστυχισμένη και δεν μπορώ να λύσω τα προβλήματα της βίζας μου. Στην πραγματικότητα, είναι πολύ δύσκολο να πάρεις βίζα για να μείνεις σχεδόν σε οποιαδήποτε χώρα του πλανήτη, ειδικά αν είσαι οικονομικά ανεξάρτητος, γιατί οι χώρες θέλουν τα λεφτά σου, όχι εσένα. Αν αυτά τα χρήματα δεν έχουν επενδυθεί σε μεγάλες ποσότητες εντελώς άσχετων και άχρηστων πραγμάτων, δεν θα σου δώσουν άδεια παραμονής. Στο τέλος, θα είναι πολύ πιο φτηνό να ταξιδέψεις παρά να ζήσεις κάπου ως κάτοικος. Με το κόστος της χρυσής βίζας στην Ελλάδα, για παράδειγμα, θα μπορούσατε να νοικιάσετε ένα ιδιωτικό τζετ και να κάνετε το γύρο του κόσμου και πάλι δεν θα είχατε ξοδέψει ούτε τα μισά χρήματα.

Ένα άλλο πράγμα που οι περισσότεροι άνθρωποι δεν φαίνεται να συνειδητοποιούν, επειδή εξακολουθούν να σκέφτονται όπως οι παππούδες και οι γιαγιάδες τους, είναι ότι στον σημερινό κόσμο δεν είναι καλή επένδυση η αγορά ενός σπιτιού, εκτός αν δεν πρόκειται να ζήσετε σε αυτό, αλλά να το νοικιάσετε σε κάποιον άλλο. Πιθανότατα δεν θα είστε σε θέση να το αντέξετε οικονομικά για το υπόλοιπο της ζωής σας, και τα έξοδα συντήρησης δεν αξίζουν τον κόπο. Είναι προτιμότερο να επενδύσετε αυτά τα χρήματα σε διάφορα ενοικιαζόμενα ακίνητα καθ' όλη τη διάρκεια της ζωής σας. Αυτό που αξίζει να κάνετε στον σημερινό κόσμο είναι να επενδύσετε στη γνώση, η οποία είναι πολύ πιο προσιτή και φθηνότερη. Επιπλέον, πρέπει να επενδύσετε σε μια επιχείρηση που μπορεί να αυτοματοποιηθεί, ώστε να απαλλαγείτε από τις ευθύνες σε λίγα χρόνια και να κερδίζετε παθητικό εισόδημα. Αν μπορείτε να το κάνετε αυτό αρκετές φορές, μπορείτε να βγάλετε πολύ καλά χρήματα.

Ωστόσο, όπως παρατηρώ, η συντριπτική πλειοψηφία του πληθυσμού αγνοεί εντελώς αυτά τα πράγματα. Ένα από τα πράγματα που δεν βλέπουν οι άνθρωποι για μένα, για παράδειγμα, είναι ότι η συγγραφή βιβλίων δεν είναι απλώς ένας τρόπος ζωής ή μια επιχείρηση, αλλά μια φόρμουλα, επειδή αυτά τα βιβλία θα πωλούνται για πάντα, ακόμη και αν γραφτούν μόνο μία φορά. Αυτό είναι το αιώνιο εισόδημα από μια δουλειά που γίνεται σε λίγες μέρες. Στον τομέα της ψηφιακής τέχνης, του βίντεο, της φωτογραφίας και της μουσικής, για παράδειγμα, υπάρχουν και άλλα παραδείγματα που μπορούν να συγκριθούν με αυτό. Πολλά άτομα βλέπουν πραγματικά αυτές τις ευκαιρίες, ενώ οι υπόλοιποι άνθρωποι φαίνεται να κοιμούνται σε όλα όσα συμβαίνουν, δηλαδή τις πολλές εξελίξεις στην τεχνητή νοημοσύνη που μπορούν να αναπαράγουν την τέχνη στο υψηλότερο επίπεδο.

Όταν παρατηρούμε ότι οι άνθρωποι αργούν να αλλάξουν και, σε πολλές περιπτώσεις, δεν αλλάζουν καθόλου, συχνά αποτυγχάνουμε να δούμε την πλήρη έκταση αυτής της πραγματικότητας, επειδή αυτό σημαίνει ότι οι μάζες εξακολουθούν να ακολουθούν τα ίδια μοτίβα σκέψης με τους προγόνους τους, οι οποίοι ζούσαν χωρίς διαδίκτυο, χωρίς ηλεκτρικό ρεύμα και χωρίς πολλές από τις ευκαιρίες που έχουμε σήμερα. Βλέπω ακόμα ανθρώπους σε καφετέριες να διαβάζουν χάρτινα βιβλία με ρυθμό σαλιγκαριού, κάτι που θεωρώ ότι είναι το πιο χαζό πράγμα που μπορεί να κάνει κανείς σήμερα. Ίσως νομίζουν ότι είναι τόσο έξυπνοι που διαβάζουν ένα βιβλίο σε δημόσιο χώρο, αλλά το έξυπνο είναι να βάλεις ακουστικά και να ακούσεις βιβλία ενώ χαλαρώνεις τα μάτια σου, κοιτάζοντας έναν ωκεανό ή μια λίμνη, για παράδειγμα. Με αυτόν τον τρόπο καταφέρνω να διαβάζω δεκάδες βιβλία την ημέρα χωρίς να το καταλαβαίνει κανείς. Θα προχωρήσετε πολύ περισσότερο στη ζωή σας αν σταματήσετε να ανησυχείτε για το τι σκέφτονται οι άλλοι και απορρίψετε την ιδέα ότι πρέπει να τους αποδείξετε κάτι.

Για παράδειγμα, το να ανεβάσεις μια φωτογραφία σου με μια Lamborghini ή ένα σκάφος στα μέσα κοινωνικής δικτύωσης μπορεί να σου αποφέρει επαίνους από τους φίλους σου και το είδος της επιβεβαίωσης που ψάχνεις, αλλά είναι πολύ πιο πολύτιμο για το μέλλον σου να κρατήσεις το στόμα σου κλειστό, να μην δείξεις τίποτα για αυτό που κάνεις, να αφήσεις τους ανθρώπους να πιστεύουν ότι είσαι φτωχός και ηλίθιος και ίσως να πουλάς και ναρκωτικά, όπως πολλοί υποθέτουν για μένα, και μετά να τους κρίνεις σύμφωνα με τις κρίσεις που κάνουν για σένα, ενώ εσύ παίρνεις σημαντικές αποφάσεις που δεν μπορούν καν να δουν ή να καταλάβουν, πράγμα που κάνω συνέχεια. Στη συνέχεια, χρησιμοποιήστε τα χρήματα που θα ξοδεύατε για εκείνη τη Lamborghini για να επενδύσετε στην έναρξη μιας επιχείρησης, σε ένα έργο ιδιοκτησίας και στην πρόσληψη ανθρώπων που θα δουλεύουν για εσάς. Με μέσο κόστος ένα έως δύο χιλιάδες δολάρια το μήνα, μπορείτε να απασχολείτε σχεδόν οποιονδήποτε από όλο τον κόσμο για πολλά χρόνια, αν έχετε τα χρήματα για να αγοράσετε μια Lamborghini. Αν επιλέξετε τους υπαλλήλους σας με σύνεση και τους δώσετε ένα λειτουργικό έργο, θα σας κάνουν πλουσιότερους, γεγονός που θα δικαιολογήσει τον μισθό τους και θα σας επιτρέψει να προσλάβετε ακόμη περισσότερους ανθρώπους. Αν ζείτε σε μια φτωχή χώρα, η φτώχεια είναι το πλεονέκτημά σας, επειδή μπορείτε να προσλάβετε περισσότερους ανθρώπους με λιγότερα χρήματα και να έχετε αποτελέσματα γρηγορότερα από οποιονδήποτε άλλον στον κόσμο.

Κεφάλαιο 32 – Επικεντρωθείτε στην ποιότητα και στους ανθρώπους που την εκτιμούν.

Για κάποιον που έχει πετύχει πλούτο στη ζωή του, το πιο ανόητο πράγμα που μπορεί να κάνει είναι να δημοσιεύει φωτογραφίες των αυτοκινήτων του στα μέσα κοινωνικής δικτύωσης και να αναζητά την επιβεβαίωση από τους άλλους, γιατί σε εκείνο το σημείο όλοι θα έρθουν και θα σας ζητήσουν χρήματα ή θα παραπονεθούν αν δεν τους τα δώσετε. Στην πορεία, μπορεί να ανακαλύψετε ότι χρειάζεστε την έγκριση των άλλων, αλλά αυτό δεν έχει αξία, είναι λάθος στόχος. Αν δεν μπορείτε να κρατήσετε το στόμα σας κλειστό σχετικά με τους στόχους ή τον πλούτο σας, μάλλον δεν έχετε τα προσόντα να γίνετε πλούσιοι. Ξέρετε ότι έχετε τα προσόντα να γίνετε πολύ πλούσιοι όταν δεν αναζητάτε την παρέα, τον σεβασμό ή την έγκριση των άλλων ανθρώπων, ούτε έχετε ανάγκη να ξέρετε τι σκέφτονται. Όταν δεν σας ενδιαφέρει η γνώμη των άλλων ανθρώπων, κερδίζετε περισσότερο χώρο στο μυαλό σας για να διατυπώσετε τις δικές σας σκέψεις, πολλές από τις οποίες θα είναι εντελώς νέες και περισσότερο επικεντρωμένες στο μέλλον παρά στο παρόν.

Στη δική μου περίπτωση, για παράδειγμα, δεν σκέφτηκα ποτέ να αποκτήσω σκάφος μέχρι που άρχισα να ταξιδεύω πολύ περισσότερο και συνειδητοποίησα ότι ένα σκάφος θα με γλίτωνε από χρήματα και πονοκεφάλους που σχετίζονται με απατεώνες που νοικιάζουν κακά διαμερίσματα. Οι πιο δημοφιλείς πλατφόρμες καταλυμάτων για ταξιδιώτες προσφέρουν πολύ κακές υπηρεσίες σε έναν τομέα που χρησιμοποιείται από εκατομμύρια ανθρώπους. Ωστόσο, το πραγματικό πρόβλημα είναι ότι λίγοι άνθρωποι ταξιδεύουν όλο το χρόνο, όχι μόνο για μερικές εβδομάδες, οπότε άνθρωποι σαν εμένα είναι καλύτερα να χρησιμοποιούν σκάφη παρά διαμερίσματα δεύτερης κατηγορίας που διαφημίζονται ως πολυτελή σπίτια. Σε αυτή την περίπτωση, μιλάω για ένα σκάφος αναψυχής ως μέσο εξοικονόμησης χρημάτων και πιο πρακτικής ζωής, με περισσότερες ανέσεις, όχι ως μέσο κοινωνικής επικύρωσης, και αυτό είναι το κομμάτι που πολλοί, ιδίως οι φτωχοί, δεν καταλαβαίνουν. Οι φτωχοί εστιάζουν πάντα στις εξωτερικές πτυχές, επειδή δεν έχουν αίσθηση της ουσίας, του σχεδιασμού ή του οράματος.

Θα μπορούσα να πω το ίδιο πράγμα για εκείνους που με ρωτούν πώς να βγάλουν χρήματα από βιβλία και μουσική, σαν να μην έχει σημασία πόσο έξυπνοι και ταλαντούχοι είναι, γιατί ποτέ δεν θα φτάσουν το δικό μου επίπεδο επιτυχίας. Και δεν θα φτάσουν ποτέ για έναν πολύ απλό λόγο που δεν μπορούν να καταλάβουν: προσπαθούν να επιτύχουν την επιτυχία με μια εγωιστική και φτωχή νοοτροπία. Βλέπουν ως στόχο τα χρήματα και όχι την ποιότητα της δουλειάς τους και τους ανθρώπους που θα πληρώσουν γι' αυτήν. Γι' αυτό αποτυγχάνουν και θα αποτυγχάνουν πάντα, και γι' αυτό τους αξίζει να αποτύχουν. Κάθε φορά που θέλω να κερδίσω περισσότερα χρήματα, δεν εστιάζω σε αυτό, αλλά στη δουλειά μου. Προσπαθώ να βρω τρόπους να βελτιώσω την ποιότητα αυτού που κάνω και έχω επανακυκλοφορήσει μερικά από τα βιβλία μου που έχουν κάνει τις μεγαλύτερες πωλήσεις αφού τα βελτίωσα. Έχω επίσης δουλέψει στην εξισορρόπηση των ήχων σε κάθε τραγούδι μου.

Παρ' όλα αυτά, ένα μεγάλο μέρος της δουλειάς μου δεν παράγει τα αποτελέσματα που περιμένω, αλλά είμαι συνεπής με αυτή την αρχή, γι' αυτό και είμαι επιτυχημένος καλλιτέχνης και συγγραφέας για πάνω από δέκα χρόνια και έχω ταξιδέψει σε δεκάδες χώρες βασιζόμενος σε αυτή τη νοοτροπία και τη συνέπεια. Η συντριπτική πλειοψηφία των ανθρώπων δεν μπορεί να το δει με αυτόν τον τρόπο. Έχουν υπερβολική εμμονή με το κομμάτι των χρημάτων, γι' αυτό και δεν μπορώ καν να τους μιλήσω. Όσο περισσότερα γνωρίζω για το πώς λειτουργεί η ζωή, τόσο λιγότερους φίλους έχω, επειδή οι περισσότεροι άνθρωποι είναι πολύ ηλίθιοι, προσβλητικοί, αλαζόνες και ζηλιάρηδες για να μπορέσουν άνθρωποι σαν εμένα να σχετιστούν μαζί τους ή να τους διδάξουν αυτά που πρέπει να μάθουν. Οι περισσότεροι μπορούν να συνεννοηθούν μόνο με άλλους ανθρώπους σαν κι αυτούς, επειδή δεν μπορούν να δεχτούν κανέναν καλύτερο. Είναι πολύ εγωκεντρικοί για να ανεχτούν κάποιον τέτοιο.

Γι' αυτό πολλές από τις προηγούμενες σχέσεις μου απέτυχαν και πολλοί άνθρωποι δεν μπορούν να βρουν μια πραγματική σχέση. Αν οι περισσότεροι άνθρωποι δεν μπορούν να ζήσουν χωρίς να πηγαίνουν στην παραλία το Σαββατοκύριακο, δεν μπορούν να σταματήσουν να μεθούν συνέχεια, δεν μπορούν να πουν «όχι» όταν πηγαίνουν σε ένα πάρτι, τότε δεν μπορούν να είναι μέρος της ζωής μου. Ομοίως, όταν έρθει η ώρα να περάσω έναν ολόκληρο χρόνο σε ένα νησί απολαμβάνοντας τον ήλιο, θα πρέπει να το κάνω μόνος μου.

Είναι λυπηρό να το λέω, και συχνά ανυπόφορο για πολλούς να το διαβάζουν, αλλά οι περισσότεροι άνθρωποι είναι ανίκανοι να εξελιχθούν, παρόλο που η δυστυχία τους είναι συνέπεια της βλακείας και των κακών επιλογών τους. Τείνουν να είναι πολύ ηλίθιοι επειδή είναι άπληστοι και τεμπέληδες. Θα έπρεπε λοιπόν να τους λυπάμαι; Λυπάμαι για εκείνους που διαβάζουν πολύ και εργάζονται σκληρά και δεν παίρνουν αυτό που θέλουν, αλλά δεν έχω γνωρίσει ποτέ ούτε ένα τέτοιο άτομο. Στην πραγματικότητα, δεν έχω συναντήσει ποτέ ένα άτομο που εργάζεται σκληρά, διαβάζει πολλά βιβλία για την ψυχική υγεία και υποφέρει από ψυχική ασθένεια. Απλά δεν συμβαίνει! Όταν ξεκινάτε να λύσετε τα προβλήματά σας, βρίσκετε τις απαντήσεις και τους κατάλληλους ανθρώπους για να σας βοηθήσουν, και τότε τα λύνετε όλα. Ο νόμος της εκδήλωσης ή της έλξης είναι πραγματικός: έλκετε αυτό στο οποίο εστιάζετε, αλλά μόνο αν είστε πρόθυμοι να εργαστείτε γι' αυτό και είστε ανοιχτοί να το λάβετε.

Έχουμε την τάση να πιστεύουμε ότι ελέγχουμε το πεπρωμένο μας και ότι μπορούμε να κάνουμε τις δικές μας επιλογές, αλλά αυτό που ελέγχουμε είναι οι σκέψεις, οι αποφάσεις και οι πράξεις μας, οι οποίες ευθυγραμμίζονται συνεχώς με την αντιληπτή πραγματικότητα που δημιουργείται από τις δικές μας σκέψεις. Επομένως, δεν μπορούμε ποτέ να αλλάξουμε την πραγματικότητά μας μέχρι να αλλάξουμε τις σκέψεις μας. Αυτές οι σκέψεις δεν αλλάζουν από τις αποφάσεις, αλλά από τις αντιλήψεις, οι οποίες είναι οι σπόροι που φυτεύουμε στο μυαλό μας καθώς συσσωρεύουμε μεγάλο όγκο προοπτικών και πληροφοριών.

Κεφάλαιο 33 – Βρίσκοντας την αληθινή πίστη πέρα από την οργανωμένη πίστη

Η δυνατότητα να αλλάξουμε το πεπρωμένο μας αλλάζοντας τις σκέψεις μας ισχύει τόσο για τον πλούτο όσο και για την ευτυχία και την ψυχική υγεία. Είναι στη διαδικασία της εσωτερικής αλλαγής που οποιαδήποτε εκδήλωση ή θαύμα συμβαίνει στην πραγματικότητα. Το ξέρω αυτό γιατί το έχω δει στη δική μου ζωή. Έχω μείνει άστεγος, έχω χάσει πολλές φορές όλες μου τις οικονομίες και ο Θεός έκανε να έρθουν χρήματα στη ζωή μου, έκανε να έρθουν ευκαιρίες και ιδέες στη ζωή μου και έκανε να συμβούν πολλά άλλα απίστευτα και εντελώς απροσδόκητα πράγματα που με βοήθησαν να αλλάξω το πεπρωμένο μου. Οι άνθρωποι στη ζωή μου δεν έκαναν τίποτα για να με βοηθήσουν, ακόμη και όταν είχαν την ευκαιρία, οπότε μόνο άσχημα μπορώ να νιώθω όταν τους σκέφτομαι. Έχω διώξει όλους όσους γνώρισα ποτέ από τη ζωή μου γιατί απεχθάνομαι τους ανθρώπους που δεν μπορούν να βοηθήσουν και αρνούνται να το κάνουν για κανέναν άλλο λόγο εκτός από τον εγωισμό, ο οποίος περιλαμβάνει το να μην προσφέρεις το σαλόνι ή τον καναπέ σε έναν φίλο που δεν έχει πού αλλού να πάει. Πραγματικά το απεχθάνομαι αυτό!

Τώρα ζω σε μεγάλα διαμερίσματα, συχνά με πολλά διαθέσιμα υπνοδωμάτια, και κοιμάμαι μόνο σε ένα από αυτά, χωρίς να προσκαλώ κανέναν να το μοιραστεί μαζί μου. Αυτή είναι η δική μου εκδίκηση! Στην πραγματικότητα, είναι πιο ακριβές να πω ότι αυτή είναι η εκδίκηση του Θεού μέσω εμού, διότι χωρίς πίστη τίποτα δεν θα ήταν δυνατό. Και αντίθετα με ό,τι πιστεύουν πολλοί ανόητοι του χριστιανισμού, αυτή η πίστη δεν έχει καμία σχέση με τη θρησκεία, αλλά με μια άμεση σχέση μεταξύ εμού και του Θεού. Ειδικά στη δική μου περίπτωση, αν εξαρτιόμουν από τη θρησκεία για βοήθεια, θα ήμουν πολύ δυστυχής, γιατί καμία από τις πολλές θρησκείες στις οποίες έχω συμμετάσχει δεν με βοήθησε ποτέ καθόλου.

Αν θέλετε να χτίσετε μια πίστη γύρω από μια θρησκεία, τότε τυλίξτε την γύρω από την πίστη που αποκαλύπτεται στα βιβλία μου, η οποία, όπως μπορείτε να δείτε, δεν έχει καμία σχέση με καμία οργανωμένη θρησκεία στον κόσμο. Δεν υπάρχει κανένας άλλος τρόπος, θρησκεία ή επάγγελμα, που θα σας βοηθήσει να επιτύχετε τα μέγιστα αποτελέσματα, γιατί αυτό που αποκαλύπτω περιέχει ήδη την πιο ρεαλιστική προσέγγιση των θαυμάτων. Η πίστη είναι το μόνο πράγμα που χρειάζεστε στη ζωή, παρόλο που πολλοί άνθρωποι ισχυρίζονται ότι δεν μπορούν να απολαύσουν τη ζωή χωρίς μια οθόνη πλάσμα ή ένα μεγάλο αυτοκίνητο και, μόλις αποκτήσουν αυτά τα πράγματα, θέλουν μόνο περισσότερα από τα ίδια ή μεγαλύτερα μεγέθη. Αυτή η συνεχής ανάγκη, σαν παράσιτο που τρέφεται από το άγχος και την κατάθλιψη, τους κάνει δυστυχισμένους. Ωστόσο, με κάποιο τρόπο αισθάνονται άνετα στον κύκλο της ζωής τους, επειδή δεν καταλαβαίνουν κανέναν άλλο τρόπο να βιώνουν τη ζωή.

Για παράδειγμα, πολλοί Ευρωπαίοι εξοικονομούν έναν ολόκληρο χρόνο για να πάνε στην Ασία για ένα δεκαπενθήμερο, ενώ οι Ασιάτες εξοικονομούν έναν ολόκληρο χρόνο για να πάνε στην Ευρώπη για ένα δεκαπενθήμερο. Εν᾽τω μεταξύ, οι περισσότεροι άνθρωποι στην ύπαιθρο αισθάνονται βαρεμένοι με τη ζωή και θέλουν να ταξιδέψουν στις μεγάλες πόλεις για να απολαύσουν τον χρόνο που περνούν εκεί, ενώ οι άνθρωποι σε αυτές τις πόλεις αισθάνονται τόσο αγχωμένοι και αγχωμένοι από τη συνεχή μετακίνηση που θέλουν να χαλαρώσουν στην ύπαιθρο. Πρέπει να υπάρχει κάτι τρομερά λάθος με τον τρόπο που ερμηνεύουμε τη ζωή, γιατί όλοι φαίνονται μπερδεμένοι σχετικά με το τι θέλουν και τι χρειάζονται και πώς να ικανοποιήσουν αυτές τις ανάγκες και τις επιθυμίες. Η απάντηση δεν θα έρθει χωρίς την κατάλληλη ενδοσκόπηση για το ποιοι είμαστε, και αυτό μας οδηγεί σε μια άλλη κοινή παρανόηση: ότι πρέπει να εκτιμήσουμε και να αγαπήσουμε τη ζωή πριν εκτιμήσουμε και αγαπήσουμε τον εαυτό μας, και όχι το αντίθετο.

Οι αντιφατικές συμπεριφορές παγιδεύουν πολλούς ανθρώπους σε ένα παράδοξο χωρίς νόημα, και τα συναισθήματά τους τούς το λένε. Αλλά το να αγαπάς τον εαυτό σου σημαίνει να κάνεις και να είσαι αυτό που σε κάνει να σέβεσai τον εαυτό σου, και εδώ είναι που πολλοί άνθρωποι αποτυγχάνουν, ακριβώς επειδή περιμένουν από τους άλλους να τους δώσουν αυτόν τον σεβασμό. Για παράδειγμα, αν κάποιος λέει: «Δεν είμαι αρκετά όμορφη», η απάντηση είναι: «Γίνε όμορφη!», αν λέει: «Δεν έχω αρκετά χρήματα», η απάντηση είναι: «Βρες φθηνότερα, ποιοτικά ρούχα που σε κάνουν να νιώθεις καλύτερα!», αν κάποιος λέει: «Δεν έχω αρκετή αυτοπεποίθηση», η απάντηση είναι: «Άκουσε μουσική που σε κάνει να νιώθεις καλά, χαλάρωσε σε ένα πάρκο, άκουσε το κελάηδισμα των πουλιών και προσπάθησε να γνωρίσεις νέους ανθρώπους!». Τέλος, αν κάποιος λέει: «Δεν έχω αρκετούς φίλους για να βγαίνω έξω», η απάντηση είναι: «Γίνετε μέλος σε συλλόγους, σωματεία, αθλητικές δραστηριότητες ή ξεκινήστε τη δική σας ομάδα μέχρι να αποκτήσετε αρκετούς φίλους!»

Οι περισσότεροι άνθρωποι είναι τόσο απορροφημένοι από τα μοτίβα σκέψης τους και από το τι βλέπουν οι άλλοι σε αυτούς, ώστε δεν βλέπουν αυτές τις ευκαιρίες και καταλήγουν να δημιουργούν περισσότερα εμπόδια για τον εαυτό τους. Ωστόσο, η ικανότητα να αναπτύξετε περισσότερη αυτοεκτίμηση είναι το πρώτο και πιο σημαντικό βήμα προς τη θεραπεία του νου. Αυτός είναι ο λόγος για τον οποίο μια βόλτα στο πάρκο μπορεί να κάνει θαύματα για το πιο καταθλιπτικό άτομο και να το βοηθήσει να ανοίξει το μυαλό του σε νέες δυνατότητες. Πολλές από τις καλύτερες ιδέες που είχα ποτέ μου προήλθαν από στιγμές απόγνωσης, όταν απλώς σταμάτησα και χαλάρωσα το μυαλό μου. Καθώς αποκτάτε μεγαλύτερη αυτοπεποίθηση και αυτοπεποίθηση με αυτές τις δραστηριότητες, μπορείτε να αναπτύξετε μια καλύτερη εσωτερική κατανόηση, και από αυτό το κέντρο είναι που βρίσκουμε τον σκοπό της ζωής μας.

Κεφάλαιο 34: Κατανόηση των επιπέδων κοινωνικής ενσωμάτωσης

Αν σχεδιάζαμε μια κλίμακα για το τι θα έπρεπε να είναι φυσιολογικό, θα είχαμε το ακόλουθο αποτέλεσμα:

Επίπεδο 0: να μην είσαι τίποτα.

Επίπεδο 1: η ανάγκη για ύπαρξη.

Επίπεδο 2: η ανάγκη να μας βλέπει η κοινωνία.

Επίπεδο 3: η ανάγκη να συνεισφέρουμε στην κοινωνία.

Επίπεδο 4: η ανάγκη να είσαι μέρος της κοινωνίας.

Επίπεδο 5: η ανάγκη να είσαι πολύτιμος για την κοινωνία.

Επίπεδο 6: η ανάγκη να θεωρείται κανείς ως στοιχείο με επιρροή στην κοινωνία.

Το λάθος στον σημερινό κόσμο είναι ότι οι άνθρωποι θέλουν να φτάσουν στο έκτο επίπεδο, αλλά περνούν τον περισσότερο χρόνο τους σκεπτόμενοι το πρώτο. Αυτό το κάνουν σπαταλώντας χρόνο βγάζοντας πάρα πολλές φωτογραφίες του εαυτού τους, περνώντας πολύ χρόνο στα μέσα κοινωνικής δικτύωσης και προσπαθώντας να τραβήξουν την προσοχή των άλλων στην εμφάνισή τους. Ως αποτέλεσμα, απομακρύνονται όλο και περισσότερο από αυτό που θέλουν στη ζωή τους. Ακολουθεί η ψευδής αίσθηση του δικαιώματος, η πεποίθηση ότι κάποιος δικαιούται μια δουλειά, έναν καλό μισθό και μια οικογένεια - κάτι που θα τοποθετούσε ένα άτομο στα επίπεδα τέσσερα και πέντε - μόνο που το άτομο αυτό δεν έχει τις κοινωνικές δεξιότητες για να αλληλεπιδράσει με την υπόλοιπη κοινωνία με υγιή τρόπο.

Όταν αυτά τα άτομα συνειδητοποιούν τελικά ότι έχουν ένα πρόβλημα, δεν μπορούν καν να το εντοπίσουν, επειδή είναι πολύ επικεντρωμένα στο επίπεδο μηδέν: να μην είναι τίποτα. Τότε θέλουν ο θεραπευτής να τους πει ποιοι είναι, και γι' αυτό περνούν τους επόμενους μήνες μιλώντας γι' αυτό. Αν και ένας καλός θεραπευτής θα προσπαθήσει να κάνει τον ασθενή να κατανοήσει την προσωπικότητά του, σε αυτή την κατάσταση ο ασθενής αναζητά κυρίως την προσοχή. Και γι' αυτό τόσο ο θεραπευτής όσο και ο ασθενής τείνουν να μην καταλήγουν πουθενά. Πρέπει ο θεραπευτής να ανησυχεί για αυτή την κατάσταση; Όχι, διότι πληρώνεται για την προσοχή που προσφέρει. Θα πρέπει ο ασθενής να ανησυχεί για την κατάστασή του; Όχι, διότι την πληρώνει ο ίδιος. Στην πραγματικότητα, οι περισσότεροι άνθρωποι λένε το εξής για τους ψυχολόγους τους: «Είναι υπέροχο να έχεις κάποιον στον οποίο μπορείς να μιλήσεις ανοιχτά».

Αυτό εξηγεί την αποτυχία της θεραπείας, η οποία θα μπορούσε να διορθωθεί αν κάθε θεραπευτής είχε έναν προϊστάμενο στον οποίο θα μπορούσε να εξηγήσει τις αποτυχίες του. Αλλά δεν έχουν, επειδή η θεραπεία είναι μια κατά βάση αυθαίρετη και υποκειμενική διαδικασία, όπως έχουν δείξει πολλές μελέτες. Συχνά, τα συμπεράσματα των θεραπευτών βασίζονται σε προσωπικές απόψεις και όχι σε γεγονότα. Ωστόσο, αν τόσο ο θεραπευτής όσο και ο ασθενής είναι ικανοποιημένοι με το αποτέλεσμα, και παρά την έλλειψη αποτελεσμάτων, μπορούμε πραγματικά να πούμε ότι κάτι δεν πάει καλά με τη θεραπεία;

Είναι φυσιολογικό και αναμενόμενο να έχουμε μια θυμωμένη αντίδραση όταν συνειδητοποιούμε ότι μας εξαπατούσαν για πολλά χρόνια, και είναι προτιμότερο να είμαστε θυμωμένοι παρά καταθλιπτικοί χωρίς απαντήσεις. Ο θυμός συνοδεύει πάντα μια κατάσταση κατάθλιψης, αλλά είναι φυσικός, διότι αντιπροσωπεύει τη συνειδητοποίηση της ανάγκης για αυτοεπιβεβαίωση εις βάρος της κοινωνικής επικύρωσης. Στην πραγματικότητα, αυτή η αυτοεπιβεβαίωση έρχεται συχνά σε αντίθεση με τις αξίες που απαιτούνται για την κοινωνική επικύρωση, γι' αυτό και δημιουργεί μια εσωτερική σύγκρουση: έναν θυμό που στρέφεται κατά του κόσμου και αντανακλά θυμό κατά του εαυτού μας. Αυτό είναι μια εκδήλωση της έλλειψης αυτοαγάπης, η οποία εκδηλώνεται ως απογοήτευση.

Το πρόβλημα επιμένει όταν αυτή η ανάγκη αναζητείται εξωτερικά, όπως όταν οι άνθρωποι προσπαθούν να γίνουν αποδεκτοί από τους άλλους, επειδή αυτό είναι απίθανο. Οι άνθρωποι δεν θα ζητήσουν συγχώρεση, δεν θα αλλάξουν ούτε θα ζητήσουν συγγνώμη για όσα σας έχουν κάνει και είναι πιο πιθανό να εξαφανιστούν όταν έρθουν αντιμέτωποι με τις πράξεις και τα λόγια του παρελθόντος. Αν πρέπει να βρούμε ένα εξωτερικό μέσο για την εξισορρόπηση του εσωτερικού, τότε οι δραστηριότητες που καλύπτουν καλύτερα το κενό είναι εκείνες που επιτρέπουν κάποια μορφή άμεσης επαφής με την εσωτερική μας αλχημεία, όπως η σωματική άσκηση, η βαθύτερη σχέση με τη φύση, ο διαλογισμός και κυρίως ο συνδυασμός και των τριών: αναρρίχηση σε ένα βουνό νωρίς το πρωί και διαλογισμός στην κορυφή. Μια απλή βόλτα με το ποδήλατο μπορεί επίσης να βοηθήσει στην ανακούφιση από την κατάθλιψη. Στην ουσία, θέλουμε να είμαστε δραστήριοι με τα σωστά στοιχεία, γιατί ο συνδυασμός δράσης και χημείας είναι αυτός που βελτιώνει τη συνολική ψυχική μας υγεία.

Όταν λέω «τα σωστά στοιχεία», δεν αναφέρομαι μόνο στα εξωτερικά, αλλά και στα εσωτερικά, όπως μια πιο υγιεινή διατροφή με φρέσκα φρούτα, λαχανικά και ξηρούς καρπούς. Αυτές οι τροφές είναι πλούσιες σε θετική ενέργεια. Ακόμη και αν θέλετε να ασχοληθείτε άμεσα με τις σκέψεις σας, γνωρίζουμε ήδη ότι οργανώνονται καλύτερα όταν κατευθύνονται προς έναν στόχο, γι' αυτό και αποκτάτε μεγαλύτερη διαύγεια από μια δραστηριότητα παρά από το να ξαπλώνετε στο κρεβάτι καταθλιπτικά και να σκέφτεστε τη ζωή. Ανεξάρτητα από το πόσο περίπλοκη μπορεί να φαίνεται η ζωή σας, θα θεραπευτείτε πιο γρήγορα αν συνηθίσετε να έχετε περισσότερη δράση στη ζωή σας, δράση που είναι ευθυγραμμισμένη με το χώρο, τη φύση και το χρόνο. Αυτό σημαίνει ότι όσο περισσότερο κάνετε σε φυσικό περιβάλλον, τόσο πιο γρήγορα θα θεραπευτείτε και τόσο πιο καθαρό θα γίνει το μυαλό σας. Τότε θα είστε σε θέση να δείτε λύσεις που δεν μπορούσατε να δείτε πριν.

Κεφάλαιο 35: Θεραπεία μέσω της σύνδεσης και της εξωτερίκευσης

Ένα ερώτημα που τίθεται συχνά είναι πώς να κάνετε ένα άτομο με ψυχικά προβλήματα να θέλει να κινείται και να κάνει πράγματα. Δεν θα ήταν αυτό μια αντίφαση στους όρους; Κάθε άτομο χρειάζεται μια μοναδική λύση, αλλά δεν θεραπεύεστε πραγματικά καθρεφτίζοντας τον εαυτό σας και την κατάστασή σας. Αυτή η θεραπεία συμβαίνει όταν το άτομο κατανοεί τη σύνδεση μεταξύ του εαυτού του και του εξωτερικού κόσμου. Είναι μια διαδικασία αφομοίωσης της πραγματικότητας μέσω της εξωτερίκευσης του νου ή της προσωπικής προσοχής.

Ένα από τα κοινά προβλήματα των καταθλιπτικών ανθρώπων είναι ότι προσαρμόζονται πολύ εύκολα σε αρνητικούς κύκλους, συνήθειες και ρουτίνες, και μάλιστα αποκτούν εμμονή με αυτούς τους κύκλους ως τρόπο διαφυγής από την ενδοσκόπηση. Για παράδειγμα, ένα άτομο που έχει κατάθλιψη επειδή είναι άνεργο θα αποκτήσει εμμονή με το να βρει δουλειά και δεν θα έχει τη διανοητική διαύγεια να προσπαθήσει να βελτιώσει το βιογραφικό του σημείωμα. Θα προσπαθήσει επίσης να βρει δουλειά από φόβο, αντί από γνήσιο ενδιαφέρον για τη συνέντευξη και για το τι θα έπρεπε να κάνει. Με αυτές τις συμπεριφορές, το άτομο καταλήγει να απομακρύνεται περισσότερο από τις ευκαιρίες που αναζητά.

Όσο περισσότερο εξαρτώνται οι άνθρωποι από την εξωτερική επικύρωση, τόσο περισσότερες ψυχολογικές και συναισθηματικές προκλήσεις θα αντιμετωπίσουν. Η αλληλεγγύη και οι υποστηρικτικές φιλίες θα μπορούσαν να αποφύγουν αυτή την κατάσταση, αλλά οι περισσότεροι άνθρωποι δεν βοηθούν τους φίλους τους όταν το χρειάζονται, και αυτό είναι το πραγματικό πρόβλημα. Η κοινωνία επικεντρώνεται περισσότερο στις εγωιστικές ανάγκες και την αυτοϊκανοποίηση παρά στη συμπόνια.

Τα προβλήματα ψυχικής υγείας είναι τόσο το αποτέλεσμα ενός δυσλειτουργικού και ανθυγιεινού κόσμου όσο και ένα πρόβλημα που πρέπει να λυθεί από αυτόν. Όταν ο κόσμος απογοητεύει το άτομο, έχει ελάχιστες ή καθόλου εναλλακτικές λύσεις για να ξεφύγει από τους αρνητικούς κύκλους. Όσο περισσότερο κοιτάζουν έξω από τον εαυτό τους, τόσο πιο πιθανό είναι να συναντήσουν απογοητεύσεις, προκλήσεις, εμπόδια και άλλα εμπόδια στη δική τους αυτοανάπτυξη.

Όταν αυτό που θεωρείται φυσιολογικό γίνεται μέρος μιας κουλτούρας και μάλιστα επαινείται από τους ανθρώπους που το προστατεύουν, το άτομο καταδικάζεται σε ένα σκοτάδι άγνοιας από το οποίο μπορεί να ξεφύγει μόνο αναζητώντας νέες γνώσεις, νέες αντιλήψεις και νέους τρόπους να βιώσει την πραγματικότητα από μια νέα οπτική γωνία. Αυτό ισχύει τόσο για την ψυχική υγεία όσο και για την επίτευξη ενός πιο ευημερούντος και πλούσιου τρόπου ζωής. Έχετε περισσότερες πιθανότητες να επιτύχετε τους στόχους σας αν διαχωρίσετε τον εαυτό σας από τις πεποιθήσεις των άλλων και διαμορφώσετε τις δικές σας, συμπεριλαμβανομένων εκείνων που ανατραφήκατε να εμπιστεύεστε για τον εαυτό σας.

Αυτό μπορεί να φαίνεται αφύσικο σε όλους όσους γνωρίζετε, διότι αν αυτό που είναι φυσιολογικό είναι αφύσικο, τότε αυτό που είναι πραγματικά φυσιολογικό θα θεωρηθεί αφύσικο από εκείνους που είναι επίσης αφύσικοι. Αυτή η κατάσταση που οι άλλοι αντιλαμβάνονται ως μη φυσιολογική θα σας κρατήσει υγιείς και, με την πάροδο του χρόνου, θα σας βοηθήσει να ευθυγραμμίσετε το μέλλον σας με τον πραγματικό σας εαυτό. Έτσι θα βρείτε μια ζωή που αξίζει να ζείτε, μια ζωή που πραγματικά σας εμπνέει να ξυπνάτε το πρωί, να χαίρεστε με τον ήχο των πουλιών και να γίνεστε μια καλύτερη εκδοχή του εαυτού σας.

Γλωσσάριο όρων

Συγκεκαλυμμένη αντικοινωνική συμπεριφορά: παραπλανητικές και χειριστικές ενέργειες που υιοθετούνται από άτομα με ανώμαλη νοοτροπία, όπως το ψέμα, η εξαπάτηση και η εκμετάλλευση των άλλων προκειμένου να επιβιώσουν και να αποκτήσουν πλεονέκτημα.

Διπλή κοσμοθεωρία: μια απλουστευτική και δυαδική προοπτική που χωρίζει τον κόσμο σε «εμείς εναντίον τους», «θηρευτής εναντίον θηράματος» ή «επιτιθέμενος εναντίον θύματος», αγνοώντας την πολυπλοκότητα και τη διασύνδεση των ανθρώπινων σχέσεων και της κοινωνίας.

Συναισθηματική πλύση εγκεφάλου: η διαδικασία χειραγώγησης των συναισθημάτων κάποιου, συνήθως με τη χρήση του φόβου, της ντροπής και της ανασφάλειας για τον έλεγχο των σκέψεων και της συμπεριφοράς.

Εξελικτική πορεία: η ιδέα ότι τα ανθρώπινα όντα βρίσκονται σε μια συνεχή πορεία προσωπικής και κοινωνικής ανάπτυξης, με ορισμένα άτομα και πολιτισμούς να είναι πιο «εξελιγμένα» από άλλα όσον αφορά την αυτογνωσία, την ενσυναίσθηση και την ικανότητα συνεργασίας.

Gaslighting: μια μορφή ψυχολογικής χειραγώγησης κατά την οποία ο επιτιθέμενος κάνει το θύμα να αμφισβητήσει την ίδια του την πραγματικότητα, τη μνήμη ή τις αντιλήψεις του, αρνούμενος ή αντικρούοντας τις εμπειρίες του.

Ψευδαισθήσεις: λανθασμένες πεποιθήσεις ή αντιλήψεις που έχουν τα άτομα για τον εαυτό τους, τους άλλους και τον κόσμο γύρω τους, οι οποίες μπορεί να τα οδηγήσουν σε παράλογη και αυτοκαταστροφική συμπεριφορά.

Εσωστρέφεια: ψυχολογική κατάσταση κατά την οποία το άτομο έχει εσωτερικεύσει τη δική του κοσμοθεωρία και αγωνίζεται να την αλλάξει όταν αλληλεπιδρά με την πραγματικότητα, γεγονός που συνήθως οδηγεί σε ναρκισσισμό και έλλειψη ενσυναίσθησης.

Ναρκισσισμός: υπερβολική ενασχόληση με τη σημασία του ατόμου, που συνήθως συνοδεύεται από μια εύθραυστη αίσθηση αυτοεκτίμησης και τη συνεχή ανάγκη να επικυρώνει και να προστατεύει το εγώ του.

Οργανική αλλαγή: η ιδέα ότι η προσωπική ανάπτυξη και ο μετασχηματισμός δεν είναι απλώς διανοητικές ασκήσεις, αλλά περιλαμβάνουν μια ολιστική και αλληλένδετη διαδικασία που επηρεάζει όλες τις πτυχές της ζωής του ατόμου, συμπεριλαμβανομένης της σωματικής, συναισθηματικής και κοινωνικής ευημερίας.

Θηρευτική νοοτροπία: νοοτροπία που επικεντρώνεται στην κυριαρχία και την εκμετάλλευση των άλλων, συχνά εις βάρος της ευημερίας τους, προκειμένου να εξασφαλίσει κανείς τη δική του επιβίωση και επιτυχία.

Ψυχοπάθεια: διαταραχή της προσωπικότητας που χαρακτηρίζεται από έλλειψη ενσυναίσθησης, έλλειψη σεβασμού για τα δικαιώματα και τα συναισθήματα των άλλων και τάση για χειραγωγική και αντικοινωνική συμπεριφορά.

Αμοιβαιότητα: αμοιβαία ανταλλαγή σκέψεων, συναισθημάτων και πράξεων μεταξύ ατόμων, απαραίτητη για την ανάπτυξη υγιών σχέσεων και κοινωνικών δεσμών.

Εγκέφαλος ερπετών: μεταφορικός όρος που χρησιμοποιείται για να περιγράψει τις πιο πρωτόγονες και ενστικτώδεις πτυχές του ανθρώπινου νου, οι οποίες μπορεί να οδηγήσουν σε επιθετική, εγωιστική και προσανατολισμένη στην επιβίωση συμπεριφορά.

Αυτοαναστοχασμός: η ικανότητα να εξετάζει κανείς κριτικά τις σκέψεις, τις πεποιθήσεις και τις συμπεριφορές του, αναγνωρίζοντας πώς αυτές μπορούν να επηρεαστούν από ασυνείδητες προκαταλήψεις, κοινωνική διαμόρφωση και προηγούμενες εμπειρίες.

Κοινωνική μάσκα: η προσωπικότητα που υιοθετεί ένα άτομο για να συμμορφωθεί με τα πρότυπα και τις προσδοκίες της κοινωνίας, συχνά εις βάρος του πραγματικού του εαυτού και της αυθεντικής του έκφρασης.

Μηχανισμοί επιβίωσης: ψυχολογικές και συμπεριφορικές στρατηγικές που χρησιμοποιούν τα άτομα για να εξασφαλίσουν τη δική τους ασφάλεια και ευημερία, συχνά εις βάρος των άλλων.

Αίτημα αναθεώρησης βιβλίου

Αγαπητέ αναγνώστη,

Σας ευχαριστούμε που αγοράσατε αυτό το βιβλίο! Θα ήθελα πολύ να ακούσω νέα σας. Η συγγραφή μιας βιβλιοκριτικής μας βοηθά να κατανοήσουμε τους αναγνώστες μας και επηρεάζει επίσης τις αποφάσεις αγοράς άλλων αναγνωστών. Η γνώμη σας είναι σημαντική. Παρακαλώ γράψτε μια κριτική βιβλίου! Η καλοσύνη σας εκτιμάται πολύ!

Σχετικά με τον συγγραφέα

Ο Dan Desmarques είναι ένας διάσημος συγγραφέας με αξιοσημείωτη πορεία στον κόσμο της λογοτεχνίας. Με ένα εντυπωσιακό χαρτοφυλάκιο 28 μπεστ σέλερ στο Amazon, συμπεριλαμβανομένων οκτώ #1 μπεστ σέλερ, ο Dan είναι μια αξιοσέβαστη προσωπικότητα στον κλάδο. Αξιοποιώντας το υπόβαθρό του ως καθηγητής πανεπιστημίου ακαδημαϊκής και δημιουργικής γραφής, καθώς και την εμπειρία του ως έμπειρος σύμβουλος επιχειρήσεων, ο Dan προσφέρει έναν μοναδικό συνδυασμό τεχνογνωσίας στο έργο του. Οι βαθιές ιδέες του και το μεταμορφωτικό του περιεχόμενο απευθύνονται σε ένα ευρύ κοινό, καλύπτοντας θέματα τόσο διαφορετικά όσο η προσωπική ανάπτυξη, η επιτυχία, η πνευματικότητα και το βαθύτερο νόημα της ζωής. Μέσα από τα γραπτά του, ο Dan ενδυναμώνει τους αναγνώστες να απελευθερωθούν από τους περιορισμούς, να απελευθερώσουν το εσωτερικό τους δυναμικό και να ξεκινήσουν ένα ταξίδι αυτογνωσίας και μεταμόρφωσης. Σε μια ανταγωνιστική αγορά αυτοβοήθειας, το εξαιρετικό ταλέντο και οι εμπνευσμένες ιστορίες του Dan τον κάνουν να ξεχωρίζει ως συγγραφέα, παρακινώντας τους αναγνώστες να ασχοληθούν με τα βιβλία του και να ξεκινήσουν ένα μονοπάτι προσωπικής ανάπτυξης και διαφώτισης.

να ασχοληθούν με τα βιβλία του και να ξεκινήσουν ένα μονοπάτι προσωπικής ανάπτυξης και διαφώτισης.

Επίσης γραμμένο από τον συγγραφέα

1. 66 Days to Change Your Life: 12 Steps to Effortlessly Remove Mental Blocks, Reprogram Your Brain and Become a Money Magnet

2. A New Way of Being: How to Rewire Your Brain and Take Control of Your Life

3. Abnormal: How to Train Yourself to Think Differently and Permanently Overcome Evil Thoughts

4. Alignment: The Process of Transmutation Within the Mechanics of Life

5. Audacity: How to Make Fast and Efficient Decisions in Any Situation

6. Beyond Belief: Discovering Sacred Moments in Everyday Life

7. Beyond Illusions: Discovering Your True Nature

Σχετικά με τον εκδότη

Το βιβλίο αυτό εκδόθηκε από την 22 Lions Publishing.

www.22Lions.com